菜與酸梅

從飲食、語言、偶像、經濟等面向
拆解日韓社會文化差異與
千年歷史糾葛

金武貴（ムーギー・キム）——著
許郁文——譯

京都生まれの和風韓国人が40年間、
徹底比較したから書けた!
そっか、日本と韓国って、そういう国だったのか。

文化・アイドル・政治
経済・歴史・美容の
最新グローバル日韓教養書

前言

為什麼日韓兩國的人民相處融洽，雙方的政府卻吵得不可開交呢？

「為什麼明明雙方的國民感情不錯，一上升到國家的層級，兩國的關係就變得那麼僵？到底是為什麼啊？」

每當提到日韓兩國的關係，應該有不少人都有上述的疑惑吧？

「什麼都是混蛋韓國的錯啦！」應該有不少人都這麼覺得。

不過若從韓國的網站來看，很多韓國人也覺得「這些都是日本的挑釁，沒想到日本人不僅不懂反省，還厚顏無恥地反過頭來發動攻擊。」

為什麼雙方的見解會差這麼多？

難不成是其中一國的國民腦袋有問題？

有趣的是，韓國人對於日本也有同樣的感覺。許多韓國人都覺得日本人很親切，很值得信賴，也很喜歡日本文化，但有許多人認為，一旦上升到國與國的層級，雙方的關係就變得很複雜了。

每個人會從自己的體驗或感受累積「個人記憶」，也會在學習所屬集團的歷史之際，自然而然接受所謂的「民族記憶」，而這種「民族記憶」又稱為「集體記憶」，之所以會出現上述的落差，則是因為「個人記憶」與「集體記憶」產生了矛盾。

本書的關鍵字與任務之一就是分享「民族記憶」。

只有當兩國的人民對這份記憶產生共鳴，才能為日韓兩國打造全新的關係，而這也是兩國的領袖與國民所需要的關係。

【閱讀本書的好處以及本書的目標讀者】

日本人、韓國人、在日韓國人以及對日韓關係不感興趣，但想培養「國際觀與歷史涵養」的商界人士

在閱讀本書之前，許多人都覺得：

「是喔？日本跟韓國的關係好不好，跟我沒什麼關係啊，為什麼我非得讀這本書不可？」

其實我在寫本書的初稿時，我非常尊敬的評論家就曾對我這麼說。

因此簡單來說，「閱讀本書的好處」在於「本書會從不同的層面分析日韓關係，所以閱讀本書可以培養基本的素養，以便進一步拓寬國際觀以及累積歷史方面的涵養」。

「誰需要那種基本素養啊！」這樣想就太過武斷了。

讓我們一起看看閱讀本書所能得到的五種形而上的效果。

①日本人會受到韓國人的尊敬

明明喜歡韓國音樂、電影、飲食與時尚的日本人越來越多，卻有少部分日本人忘不了政治與歷史的對立，這導致十幾歲到七十幾歲的日本人都有「到底日本人是喜歡韓國還是討厭韓國」的疑問，本書也將一針見血地為大家回到這個問題。

在日本的年輕族群之中，許多人都覺得「喜歡韓國偶像有什麼問題嗎？」尤其 BTS 的粉絲「阿米」（아미，A.R.M.Y）更是希望喜歡 BTS 的人以及紫愛你（보라해，因為紫色是彩虹最後一個顏色，有「互相信任，長長久久地相愛」的意思。這些都是 BTS 粉絲的專屬用語）的族群，能享受與學習韓國的各種文化。

只要稍微注意本書介紹的一些重點，各位日本讀者不只能得到韓國人的喜愛，還能得到對方莫大的尊敬。

②韓國人會得到日本人的信賴

日本人明明很習慣立刻說「不好意思」，但即使二次世界大戰已經結束這麼久，日本人卻遲遲不願為了過去犯下的歷史錯誤道歉，許多韓國人對這點都感到不可思議，而本書也將為此提供一個合情合理的理由。

即使韓國人不同意，但能理解本書提及的日本思維的話，或許韓國與日本就能進一步彼此信賴，這是第二種效果。

③能了解在日韓國人對於日韓兩國的真心話

第三種效果是讀完本書之後，在日本出生的韓國人或是朝鮮人（以下簡稱在日韓國人）肯定會拍案叫絕，因為在日韓國人完全了解日本人與韓國人各自的主張，也因此陷入了不知道該挺哪一邊的困境，而本書則是將「想向兩國國民所說的真心話從三本書的量濃縮成一本書」，所以在日韓國人在讀完本書之後，一定會非常感動。此外，覺得「自己已經歸化為日本國籍，今後也想依照日本人的方式安靜度日」或是「想帶著民族自信心，在日本繼續打拼」的在日韓國人，都應該會「因為讀了本書而大大滿足」才對。

④能夠更了解國家與社會的情況

第四種效果是本書會比較鄰國與母國的文化與集體記憶，所以能進一步了解自己的社會與制度的特徵，以及身份認同基礎的集體記憶。

我相信就算是對日韓關係或是韓國沒有半點興趣的人，只要讀了這本書，一定能夠進一步了解日本或是韓國這兩個國家。

⑤培養國際觀與涵養

最後的第五種效果就是本書會分析日韓兩國從古代到現代的集體記憶，幫助商界人士完整培養所需的涵養與國際觀。

這些涵養與國際觀不僅能用來了解日韓關係，更是所謂的通識。

由此可知，本書也是一本培養國際商務涵養的書籍。

【本書的特徵】具備日韓觀點、超越日韓兩國的全球化觀點、豐富的親身經歷與全方位的文獻研究

市面上介紹日韓關係的書籍可說是汗牛充棟，那麼本書又有何獨到之處呢？

①揉和時下日本人、韓國人、在日韓國人三方的觀點

本書除了介紹我本身，也就是在日韓國人的親身體驗之外，還介紹在日本與韓國生活之後所培養的觀點。

許多聲名遠播的日本學者、韓國學者與在日韓國人的學者都寫過觀點鞭辟入裡的論文。不過就我所知，目前還沒有任何一本書是由在商界的在日韓國人介紹在日韓兩國待了四十年的體驗與想法，尤其作者是於一九八〇～二〇二〇年出生，在京都長大，在各國讀書與工作，

伴侶還是於新加坡邂逅的韓國人。

大部分講解日韓關係的書籍都只在意某一邊的讀者，所以內容通常是批判另一邊的國家，好讓讀者大呼痛快。反觀本書則是為了兩國國民以及夾在中間的在日韓國人所寫，所以內容非常罕見。

本書從日本與韓國的觀點出發，讓讀者能得到彼此缺乏的觀點，一覽彼此看不見的景色。

②超越日韓兩國的全球化觀點

其次，本書以超越日韓兩國的全球化觀點進行討論。

由於筆者曾於法國、香港、新加坡以及其他國家或地區留學、就業，所以能夠根據這些親身體驗，與德國、波蘭、以色列、土耳其、亞美尼亞、塞爾維亞、印度、巴基斯坦這些與鄰國有一些歷史糾葛的國家的朋友，一起討論與比較類似的國際糾紛，讓問題的本質浮上檯面。

③透過日文、韓文、英文、中文檢視古今中外的日韓相關書籍

第三個優點則是在筆者博覽古今中外日韓相關書籍之後，從這些書籍之中擷取最值得關注的論點，以及將這些論點整理成本書的內容。

描述日韓關係的書籍最遠可回溯至《古事記》或《日本書紀》，但從古至今，有許多動機

不純的筆者出現，也有不少源自政治或商業利益的假消息。

因此筆者在篩選與閱讀各種相關書籍以及國內外的文獻之後，將現有的學術研究結果與觀點整理成簡單易懂的內容。

由於是以日韓英中這四種語言檢視相關文獻，所以比起那些參考文獻只有日文，或是只有韓文的日韓相關書籍，更能從不同的觀點拓展視野。

以日韓兩國「充滿知性與想法靈活的讀者」為目標族群

此外，本書也打算於韓國出版，因此採取的是筆者以在日韓國人的身份，向日韓兩國的讀者傳遞訊息的特殊格式。

本書不會一味地批判其中一國，而且在討論負面的事情時，也會補充各種相關資訊，以便讓這兩國的讀者都能開心地閱讀。負責本書編輯的中里有吾總編也曾耳提面命地說：「這世上幾乎沒有只為了檢討自己國家而花錢買書的自虐讀者。」

此外，本書也不是為了讓想法以及歷史觀長年站在天秤兩端的大叔和解所寫。雖然這類書籍通常都以讓雙方陣營大和解為前提，但本書並非強化偏見，刺激「內團體偏私」（in-group bias），取悅特定讀者族群所寫。本書希望「讀者能接受新的觀點」，因此不管年齡高低，只要思維清晰，擁有理性的人，都是本書的目標讀者。

撰寫本書的三大理由

「為什麼我會想寫這麼有特色的書呢？」接著就來介紹我那難以平撫的寫書動機。

撰寫本書的三大理由

①由於從祖父母那一代開始就是在日韓國人，所以這種在日韓國人歷史超過一百年的家庭讓我擁有強烈的使命感

第一點，由於我的背景是在日韓國人，所以想改善兩國關係的使命感也異於常人。

我是在日本出生的在日韓國人第三代，不論公私，這四十年來，常於日韓兩國往返，在這兩個國家都有朋友與親戚，也非常了解日本人與韓國人的觀點。

雖然兩國的大叔世代還在吵架，但是我也看到年輕世代為了改善彼此的關係，付出了比我更多的努力，所以我總是不斷地思考「我能為了他／她們做些什麼呢？」這個問題。

之所以在此時寫了這本書，是因為我自己有了小孩，而且剛出生的兩位外甥也同時擁有韓國與日本的國籍，所以對於整個家族的下一代而言，改善日韓關係已是非常重要的課題。

撰寫本書實在耗費了不少時間，甚至到第二個小孩出生了都還沒寫完，但也讓我更有動力繼續寫下去。

②於坊間充斥的日韓相關書籍實在是濫竽充數

第二點，日韓相關書籍（包含暢銷書籍）的品質與可信度堪慮。

簡單來說，這些年來，一堆不知道過去發生什麼事情的人寫了一堆看起來淺顯易懂，卻是錯誤百出的假資訊，有些是為了強調特定政治勢力的合理性所寫，有些則是為了多賣幾本而刻意加深誤解與對立，這類日韓相關書籍很多都是名為反韓與反日，實則為了賺錢而出版。

此外，這方面的意見領袖通常不是曾在知名國際學術雜誌刊登論文的歷史研究家，而是信奉愛國主義的漫畫家、小說家，或是思想偏激，來自各領域的門外漢（很多是能把文章寫得很生動的文學高手，或是年長的退休記者），不然就是高喊「讓日本重返榮耀」的美國人，以及口口聲聲說著「都是韓國的錯」的韓國人（這類韓國人很多都被禁止入境韓國，所以寫的內容都很陳舊），更糟的是，還有一些是藉由拼湊過去的極端事件與政治宣傳資料，藉此帶風向的評論家。這些不知來路的評論家總是想將「部分否定的事實塑造成全面否定的謊言」，或是將部分肯定的事實，塑造成全面肯定的謊言」。

此外，很多人明明連另一邊的語言都不懂，也沒去過另一邊的國家，甚至不曾與在地人交流，卻還是一臉得意洋洋地到處散播「假消息」。再者，有不少人打著前駐韓特使的身份寫書。這些人的確了解韓國，卻也只是為了餬口而從韓國的新聞整理出問題，讓讀者看個痛快而已。

另一方面，也有在韓國住了幾十年，非常了解日韓兩國的記者出版相關著作，但不知道是否是因為來自高層的壓力，或是出版社本身就有特定的立場，導致這類著作的內容相當偏頗。日本的韓國相關節目出場的韓國籍教授或評論家也因為顧慮觀眾或電視台的立場而不敢說出真心話。

市面上當然還有許多品質令我望塵莫及的日韓相關書籍，但是從一般讀者所關心的事情或是背景知識來看，這些由值得尊敬的學者所寫的書籍往往難以閱讀。

最終，大部分的民眾都沒什麼機會接觸那些在正統的學術雜誌或期刊被視為常識的學問、史實與研究成果。反之，那些情節生動有趣，但破綻百出的「歷史小說」卻弄假成真，成為普遍認知的「史實」。在大量的假消息或創作編入少部分事實，將天真的讀者視為獵物。

簡單來說，「越是暢銷的書籍，越可能是品質不忍卒睹的書籍」，這實在是這個領域特有的悲哀。

透過探討文獻的手法，將各種研究書籍的主要論點整理成冊的必要性

反觀本書除了兼顧可信度與易讀性，還從古今中外的文獻擷取了各種觀點與事實。

以本書參考的書籍或文獻而言，較新的書籍包含東京大學教授木宮正史的《日韓關係史》（書名暫譯，岩波新書），這本書在撰寫中就已經開始銷售；也包含由東洋經濟新報社出版的

《強化教養的歷史問題》（書名暫譯，前川一郎編），此外，也參考了許多討論這個領域所不可或缺的文獻，其中當然也包含了最新的文獻。關周一所著的《日朝關係史》（書名暫譯，吉川弘文館）也提到了許多有用的線索。

至於較古老的書籍則包含在朝鮮王朝初期出版的《海東諸國紀》、在豐臣秀吉入侵朝鮮的壬辰戰爭被帶到日本的朝鮮王朝儒學者姜沆所寫的《看羊錄》（東洋文庫）、於十六世紀長期居住日本的葡萄牙傳教士路易士・佛洛伊斯（Luís Fróis）所著的《日本史》（中公文庫）、於江戶時代中期任朝鮮通信使製述官的申維翰所寫的《海游錄》（平凡社），以及朴永圭集兩千卷朝鮮王朝實錄於一冊的大作《朝鮮王朝實錄》（Kinema 旬報社出版）。

近代的著作方面，我參考了大正民主運動有功人士──東京帝國大學（現稱東京大學）教授吉野作造所寫的「視察滿韓」的論文，現代的著作則參考了知名現代朝鮮研究者暨東京大學名譽教授和田春樹的論文。

此外，還參考了由記者所寫的著作，例如《每日新聞》的澤田古己與《產經新聞》的黑田勝弘的作品，另一方面，也仔細檢閱了《反日種族主義》（李榮薰編著、文藝春秋）或《日本國紀》（百田尚樹、幻冬舍）這些內容相對極端的著作。

除了上述的文獻之外，其實還參考了各種批判韓國的書籍。之所以會閱讀這些「雜七雜八的書籍」，全是為了確認「已經沒有其他的新內容了」。

所以若打開我的亞馬遜購買履歷或是「推薦書單」，會發現我完全就是個「網右份子」

（網路右翼）。

此外，我除了閱讀韓文文獻，也大範圍地審閱了中文與英文文獻，參考了「不需要替日韓其中一國說話的中國史，都如何描述日韓兩國」。

本書根據學術論文到一般書籍、過去的書籍、可有可無的書籍所寫，盡可能讓內容都言之有本，以及具有附加價值。

研究者在看了書籍的參考文獻之後，大概可以預測書籍的品質與可信度，所以請大家不用擔心本書的品質，因為本書引用的文獻非常廣泛，相關資訊的品質也非常優異。

撰寫本書的三大理由

③拓展視野、培養國際觀、思考兩國願景的必要性

第三個理由是我希望進一步培養史觀與國際觀，提供一個思考兩國關係與願景的機會。

大部分講述日韓關係的書籍都忽略史實的全貌或是學術的常識，一味地貶抑另一邊的國家，所以都像是某種「充滿仇恨的奇幻小說」。

而且還宣稱「只有同意這種理念的人才是免於被媒體洗腦的知識份子與真正的愛國者」，這簡直就像是為了招攬信徒的新興宗教。

由於只有信徒才會讀這類書籍，所以這類書籍在亞馬遜的評價與評論數（都是同一堆人閱讀）都很高，但都是「反正是換湯不換藥的內容，不一樣的地方只有封面與作者姓名而已」，

實在令人不敢苟同。

這種針對「偏好歷史、政治讀物的讀者」所寫的史論爭辯書籍早已是紅海市場，而這類書籍就交給其他作者或是出版社來寫就好。

這種強化同儕壓力或是內團隊偏私氛圍，營造「我們好棒棒」的書籍讀得越多，視野會變得越狹窄，也無法催生生存的智慧。從序言到結語都充滿了憤怒、憎惡以及貶抑言論的書籍，又怎麼能增進素養呢。

反觀本書重視的是「如何描繪願景，又該如何認識歷史」。此外，本書是從全世界的不同觀點介紹日本與韓國，所以閱讀的同時，也能拓展視野，培養國際觀與內在的涵養。

本書的編排

本書根據上述的概念，編排成下列的架構。

【前篇　日韓兩國的文化差異與日韓關係的變化】

第一章　日韓的人際關係有何不同？——人際關係的距離感不一樣嗎？比較飲食、語言、表達情緒的方法、家庭、待客文化的差異

第二章　為什麼韓國人死抓著過去不放，日本人卻絲毫不覺得自己該負責任？——信奉武

士道的日本與崇尚儒教的韓國在規矩上的異同

前篇是由我這個在日韓國人根據在日韓兩國的親身經歷所撰寫的內容。

此外，之所以將「日韓人際關係的差異」安排為第一章，是希望大家在讀完之後，能夠立刻知道平常交流時，需要注意彼此的哪些眉角。

談論文化或歷史的科普書籍往往與日常生活脫節，也不太會提及實踐之後，能夠得到哪些好處，所以本書才從一開始就介紹許多能於日常生活應用的小知識。

第二章則是先解析從古至今的集體記憶，幫忙大家了解兩國的文化有哪些異同之處。之所以如此安排，在於第一章提及的待人處事的差異正是源自兩國根深蒂固的文化。

第三章則介紹過去二十年，在政治與經濟方面的集體記憶。

這章引用了不少頂級英文期刊的論文，所以能正確地掌握日韓之間的關係，還能了解日韓兩國與鄰國之間的關係產生了哪些變化。

後篇的部分則是根據過去四十年的親身體驗、觀察與考察，整理了想對兩國人民傳遞的訊息。如果本書能弭平兩國集體記憶的鴻溝，讓各位讀者擁有全球化的視野與涵養，以及展開有意義的討論，那真是作者望外之喜。

目錄

前言

前篇　日韓兩國的文化差異與日韓關係的變化

第一章　日韓的人際關係有何不同？

前篇　日韓兩國的文化差異與日韓關係的變化

第一章
日韓的人際關係有何不同？

——人際關係的距離感不一樣嗎？比較飲食、語言、表達情緒的方法、家庭、待客文化的差異

首先介紹人際關係的文化差異

本書雖然宣佈「分享兩國的集體記憶」，但兩國國民對彼此的印象往往來自實際的交流，也就是人際關係的禮儀。

因此，這章將根據我長年於日韓兩國生活的親身經歷，介紹兩國在人際關係的文化差異，以及不同的社會常識與其背景。

日本與韓國到底哪裡相似？又有哪裡不同呢？

兩國在地理、歷史、與人種都是一衣帶水的鄰居，儘管在萬物有靈論、漢字、佛教、儒教這些部分的著墨不同，但還是共享許多文化。

不過，兩國在人際關係的文化差異卻是肉眼可見。

簡單來說，韓國的人際關係較日本緊密，公私領域的界線不像日本那般分明。

此外，從韓國人動不動就把「我們的」（「우리」）掛在嘴邊來看，這種「自家人意識」深植於韓國人的人際關係，而「我們的」這種概念也縮短了與別人的距離，所以「深植於腦袋深處的人際關係」也相對緊密。

這種人際關係的遠近感也充份反映在飲食、語言、禮儀、家庭關係、待客文化以及各種日常文化與行為模式。

或許正是因為這種距離感的差異，才導致韓國人習慣不假言辭地表達喜怒哀樂的情緒，日本人則崇尚將情緒放在心裡，不想讓別人知道自己感受的文化。

急遽變化的韓國文化與日韓兩國逐漸同化的次世代文化

——放下過去的刻板印象吧

不過，本書通常是有但書的。當時代不斷地改變，每個世代心中的「對日、對韓印象」也產生了明顯的變化。

在「快快文化」（빨리빨리）之下不斷變貌的韓國社會之中，每個世代的特徵也明顯不同。其實有不少特徵已經快速消失。

此外，現在已是能即時分享雙方文化與資訊的時代，所以有些韓國人身上有著明顯的日本人特徵，反之亦然。比方說，早期的韓國幾乎沒有一個人吃飯的文化，但現在這個文化就像日本一樣，越來越普及。而早期的韓國在儒教文化的影響之下，總是以男性為尊，但是當儒教文化轉化為快快文化之後，女性成為一家之主儼然是現在進行式。

除此之外，很多人都覺得韓國人說話很大聲。但現在也有不少個性沉穩、語調緩和的韓國人，比方說，我在投資業界認識的韓國人，大多都是輕聲細語的人。

其實從二〇二二年年初的總統大選來看，各黨總統候選人的說話方式都非常溫柔緩和，也令人印象深刻。

李在明（當時執政黨「共同民主黨」的總統候選人）的政見雖然強勢，但是他的語氣卻是堅定而溫柔，與他競爭提名的前韓國國務總理李洛淵的說話方式也非常優雅，彷彿讓人想一聽再聽的睡前廣播。

雖然早期的韓國奉行威權主義，但現在的韓國政治家也會穿上潮服，一邊跳著街舞，一邊對著年輕人露出笑容，甚至還會在所有國民面前下跪道歉。

二次世界大戰結束後，韓國僅用了半世紀的時間，就從最窮困的國家翻身為世界屈指可數的先進國家，所以社會規範與文化的變化速度與韓國計程車司機的開車速度一樣快。

「日本與韓國的價值觀就像是天秤的那端」

「韓國人的特徵就是……」

在想要以這些籠統的說法概括韓國人的價值觀或特徵的日本人之中，曾在最近的韓國生活，會說韓文，與時下韓國年輕人深入交流的人少之又少。

請大家不要再輕易接受那些陳舊的刻板印象。

即使國籍相同，不同世代的文化差異也非常明顯，此外，兩國之間的共通之處也非常多，所以本章除了會提到這些屬於但書的部分，還會具體描述在目前（二〇二一年），韓國人與日本人在人際關係的遠近感，以及與鄰國相處的教科書。

1

「飲食差異」透過飲食文化了解民族性的三大差異

——泡菜與醃蘿蔔；可從飲食文化隱約窺見的日韓差異是什麼？

日本人與韓國人在飲食文化上，有許多共通之處。韓國曾掀起一波壽司與炸豬排飯的狂潮，就連我的朋友來日本的時候，也很熱衷於炸豬排飯名店之旅。

即使是韓國上下拒買日本產品的時候，明洞或江南的日式居酒屋依舊座無虛席。愛吃蕎麥麵或拉麵的韓國人也非常多。其實有很多韓國人都覺得最好吃的外國料理就是和食，只是他們不太敢如此聲張。

反過來說，許多日本人都把燒肉當成日式料理的一種，泡菜在家庭中也很常見。除了新大久保的韓國街之外，全日本都有韓式餐廳，許多日本女性也會為了品嘗道地的韓式料理而前往韓國。

雖然日韓兩國的飲食文化豐富了彼此的餐桌，但是從我這個觀察兩國長達四十年之久的人來看，「飲食文化的三個差異」充份說明了雙方在民族性的差異。

接下來就要試著透過日韓的飲食文化，考察兩國的民族性有何差異。

01 從泡菜與醃蘿蔔的差異比較日韓兩國表達情緒的方式

——簡潔直白的韓國與內斂曖昧的日本

我們都知道日韓兩國各有代表自己的醃漬物，說到韓國不免想到「泡菜」，提到日本就會想到「醃蘿蔔與梅乾」，由於和食常使用高湯或是醋調味，所以有不少酸酸甜甜的菜色。日本人就算吃再多醃蘿蔔與梅乾，最多就是吃到鹹味或酸味，所以日本人通常很懂得忍耐。

不過大家也知道，韓國的料理常使用辣椒，而且有不少韓國人覺得吃得不夠辣，就好像沒吃到東西，但過度攝取辣椒或辛香料，會讓交感神經太過活躍，體溫也會跟著上昇，許多人也因此心火太旺，變得易怒衝動。

大家不妨試想一下，如果日本人將醃蘿蔔或梅乾換成泡菜，將海苔換成辣椒，原本那種扼殺情緒、強迫自己忍耐的民族性是否還得以延續呢？

在日本很常聽到「韓國人很容易生氣」這類說法，而且就我印象所及，似乎是這樣沒錯。

不過，這絕對不是韓國人的基因使然，當然也與種族的差異無關，純粹只是飲食習慣的不同所造成。

在此偷偷告訴大家，我有位韓國好朋友，他也的確是個很容易生氣的人，而且也很愛吃辣，所以我幾乎每天都見證飲食文化對表達情緒的方式造成影響這件事。美國國家科學院院刊（Proceedings of the National Academy of Sciences of the United States of America，PNAS）的實驗也指出「食物會影響判斷，而且會造成深遠的影響」。

日韓兩國連日常問候語都不同？

順帶一提，若是比較雙方的日常問候語，會發現日本的「午安」（こんにちは）與「晚安」（こんばんは）沒什麼特別的意思。

反觀韓文的「안녕하세요」雖然從發音聽不出什麼端倪，卻有「願您安寧」的意思。每次見面都聽到這句問候的話，說不定會有很多人生氣。

雖然這種解釋只是在開玩笑，但其實還有另外一句很常用的問候語，那就是「您吃飯了嗎？」（식사 하셨어요）。

韓國人就是這麼重視吃飯的民族。

順帶一提，也有人認為這句問候語源自一九六〇年那個極為貧困的時代，因為當時有許多人

會到有錢人的家庭求得一餐溫飽。不過，不知道是因為「快快文化」的影響，還是養生文化的影響，越來越多人以「您身體康健嗎？」（건강하세요）這句話問候彼此。

儘管如此，如果韓國的國民美食是壽司、醃蘿蔔、鰻魚肝湯，而日本的國民美食是泡菜、烤肋排與蔘雞湯，兩國的民族性恐怕會大不相同。

令人驚訝的是，醃蘿蔔其實很常在韓國的各種場合出現，不過很少人知道醃蘿蔔最早是由朝鮮半島古王朝高句麗的僧侶傳入倭國的說法（註：日本的說法是，醃蘿蔔是由江戶時代初期一位名為澤庵的和尚所發明，目前無法斷定何種說法為真）。

此外，另有一說認為，製作泡菜所需的辣椒是日本透過南蠻貿易取得的食材，所以最初是從日本傳入朝鮮半島。

本書的主題是兩國的差異，而象徵兩國差異的東西，以及在彼此互相影響之下產生的差異，遠比想像來得多。

02

日本的懷石精神與韓國石鍋拌飯的差異

——重視秩序與順序的日本，以及全部拌在一起，重視速度的韓國

另一個能從飲食文化發現的國情差異在於「日本重視秩序與忍耐」以及「韓國把什麼都混在一起，個性非常急躁」。

眾所周知，和食是裝在小碟子或是小盤子，一樣一樣慢慢端出來的料理。

由於和食或是法式料理都能讓用餐的人在下一道料理端上來之前輕鬆地聊天，所以比較適合在談生意的時候宴請客人。

此外，在日本用餐時，若需要從大盤子分挾菜色，通常會使用「公筷」以免顯得不禮貌，所以光是從使用筷子的使用方法就能發現日本與韓國在人際關係上的差異。我將這種凡事按部就班，遵守秩序的日本特色稱為「懷石精神」。

反觀韓國料理則是會將明明沒有另外點的小菜分裝在不同的小碟子，然後讓這些小碟子擺滿整個餐桌，而且不管是前菜、小菜還是主菜，常會全部一起端上桌。

不知道是不是因為人與人的距離比較近，所有人都是用自己的筷子從大盤子或鍋子中挾菜，而且在吃烤五花肉或是烤肋排的時候，會一口氣烤完所有的肉，所以用餐時間很快就結束。

更有趣的事情是，在吃烤五花肉或是烤肋排的時候，沒辦法自己慢慢吃，因為餐廳的大嬸會幫你用剪刀將肉剪成小塊（用剪刀代替菜刀這點，也突顯了韓國人的個性有多急），再俐落地烤好每一塊肉，所以用餐的節奏實在非常快。

明明韓國料理需要很長的時間才能煮好，卻老是光速吃完，這不禁讓我覺得「要不要吃慢點，讓煮的人覺得沒有白白浪費心血啊？」

另一個有趣的現象是，在兩國做生意的時候，日本企業基本上以電子郵件往來，但韓國企業則習慣以手機與對方的窗口聯絡，哪怕對方是大型機構的投資者也一樣。

在接受媒體的採訪時，日本的習慣是會在不同的採訪者採訪完畢之後，讓受訪者看過原稿再刊登，反觀韓國則是記者一邊採訪，一邊將聽到的內容打成稿子。由此可知，韓國人不管做什麼事情都講究速度。

「韓式拌飯精神」與「參雞湯精神」

讓我們將話題拉回食物吧。韓國還有「融合各種食材，創造新風味」的飲食文化，也就是讓外國料理與韓國料理不斷融合，不斷催生新的菜色。

韓國的傳統料理有許多湯品或是拌飯，但其實都具有把所有東西拌在一起就會變得很好吃的「韓式拌飯精神」。

從古至今，韓國就有將各種食材煮成一鍋湯的湯文化，而且這種湯文化也非常發達。由於湯品的種類非常多，所以將這種文化稱為「參雞湯精神」也無妨。

順帶一提，鍋料理通常會以煮麵收尾，日本通常是放烏龍麵。至於韓國則常會放泡麵，這一樣是受到「快快文化」的影響。

此外，令人意外的是，在撰寫本書的時候，這個「烏龍麵」的部分居然得到編輯部多次讚美，編輯直誇這部分「言之有物」。

其實編輯曾告訴我，日本的鍋料理通常也是以隨處買得到的烏龍麵收尾，但還是比不上油炸過的泡麵有效率，可見泡麵應該更符合「快快文化」。

只有喝湯會慢慢喝？

有趣的是，韓國人雖然如此性急，唯獨喝湯的時候會慢慢喝。

在韓國喝湯時，如果像日本那樣以碗就口，會被當成像狗一樣低俗的人，所以不管要花多少時間，都會用湯匙喝湯。「個性那麼急的韓國人」居然會這樣喝湯，還真教人覺得不可思議啊。

日本的湯品不會是主菜，很多都像是味噌湯或是吸物（清除前一道菜味道的湯品）屬於配菜，量也不多，所以喝的時候通常會以碗就口，反觀韓國的湯品則是主菜，所以分量很多，湯料理的種類也多得不勝枚舉。

此外，韓國的筷子、湯碗以及其他餐具通常都是金屬材質，所以餐具通常都燙得沒辦法直接拿起來喝，反觀日本的筷子、湯碗通常都是木製的，不會那麼燙，也比較方便拿起來喝。

順帶一提，這種文化差異從很久以前就存在了。

在十五世紀朝鮮王朝初期出版，以日本與琉球的歷史與文化為主題的《海東諸國記》（申叔舟編）就記載日本的餐具都是以木頭製成，而且不使用湯匙，作者也因此大吃一驚。

話說回來，我也是個急性子的人，每當我趁著石製湯碗不那麼燙的時候，以喝日式味噌湯的方法，將湯碗整個端起來喝的時候，都會被當成野蠻人。

若問韓國人的個性到底有多急，看看韓國餐廳的時鐘就會知道。其實不只是餐廳，店家或是家裡的時鐘都一樣，時鐘通常都會調快五分鐘。或許大家會以為「該不會連韓國的時鐘都受到快快文化影響吧？」但其實這是店家的貼心，為的是避免客人趕不上後續的會議，就容我在此為大家介紹這個冷知識囉。

03

從「開胃菜」與「贈品」的不同分辨兩國的民族性

——錙銖必較的日本與送一堆東西的韓國

飲食文化的另一項差異就是「開胃菜」（お通し）。

在日本居酒屋用餐時，哪怕沒有點，店家依舊會先端上一小盤要付費的「開胃菜」，店家也常因此與外國觀光客產生糾紛。

反觀韓國的店家則如同前述，會一口氣送上一堆客人沒有點的免費小菜，而且還可以一直續。此外，店家送上來的小菜可不是只有一盤、兩盤，有時候會多達五、六、七盤，份量比主食還多也是常有的事。

而且小菜不管怎麼續，也絕對不會多收錢。

這可說是「韓國人想要免費服務」的文化，也充份反映了這類國民需求，同時也是「想大方地讓客人吃個飽」的文化表徵。

此外，韓國的超商也很常以「買一送一」的方式促銷茶飲。甚至還舉辦過申辦網路就能得到長期免費優惠以及「泡菜冰箱」這項贈品的活動。

由此可知，在這種「開胃菜與贈品」的文化之中，日韓兩國有著明顯的差異，韓國人習慣「大方提供追加的服務」，日本人則「習慣錙銖必較」。

其實在韓國結帳時，如果剛好零錢不夠，店家通常會說「算了算了，沒關係」（괜찮아요，大丈夫よ），反觀在日本的話，就算是購買非常昂貴的商品，哪怕只是不夠五日圓，店家也不肯少算一點。

日韓的「用餐結帳方式」大不相同

此外，兩國在「結帳」的概念與方式也有明顯差異。以韓國為例，比較年長的人通常會為了面子而替所有人買單（而且所有人都認為理所當然，甚至連謝謝都不會說），反觀日本人與上司吃飯時，通常也是各付各的。不管喜歡不喜歡，日本人這種錙銖必較的態度，在各種經濟活動都看得到。

在此插個小話題。韓國的男性即使年紀相仿，只要因為生日差幾個月，學年比對方早一年，就會自動被稱為「大哥」（형님，お兄さん），也常常會自動替所有人買單。「不知道是不是因為對方像家人一樣叫我的名字，我就莫名覺得跟對方很親近，既然是家人，又何必各付各的呢？」韓國男性常不自覺會這麼想。

所以，不想幫忙買單時，會要求對方「算我拜託你，叫我的姓就好」，也會對對方使用敬語，或是幫對方倒酒，藉此展開心理攻防戰，讓對方知道「我沒有要請你喲」。

不過，對方如果說「我比較年長，當然由我買單」的話，哪怕是禮貌性地說「不用不用，我一起付就好」，對方還是會幫忙買單，此時被請客的人通常會覺得「對方真是大方，韓國人就是要這樣啊」，然後覺得自己跟對方更加親近，也會更尊敬對方。

2

「語言的差異」只要是認識的人都叫得像是家人？

——從稱呼就能看出人際關係的距離？

日本人與韓國人的待人處事基本相同。

不管是日本還是韓國，有些人很懂禮貌，有些人卻很失禮，有些人很沉靜，有些人卻吵吵鬧鬧，有些人很老實，有些人很愛說謊。

一如「倉廩實則知禮節，衣食足則知榮辱」這句諺語（管子牧民篇），國家富足了，人民遵節守禮的水準才會跟著提升。日韓兩國的人均所得差不多，所以服務水平也非常高。

有些人很喜歡不懂裝懂或是加油添醋，將「這個國家的人通常都這樣那樣……」掛在嘴邊，但我很討厭這種不負責任，一竿子打翻一船人的說法。

儘管我不喜歡這種概括的論點，但就整體來看，兩國國民在「待人處事」這部分的確有一些不同。

若是能夠稍微注意下列的差異，應該就能與對方拉近距離。

稍微認識的人都叫得像是家人？

——韓國人重「情」，人際關係較為親近

首先要請大家先知道的是（雖然很多人這麼說，本書前面也已經提過），韓國人的人際關係比日本更加緊密。

韓國的傳統帶有濃濃的儒教思想，而儒教的「五倫」包含「父子、君臣、夫婦、兄弟、朋友」，至於「外人」則不屬於五倫之一，因此韓國有好長一段時間不尊重所謂的「外人」。

儘管如此，只要認定對方是家人或朋友，深植於潛意識的五倫就會發動，一段「感情融洽」的人際關係就會自然形成。

其中最具象徵性的便是彼此的「稱謂」。

明明才剛認識，只要知道對方比自己年長，就會自動稱呼對方「大哥」（형님，お兄さん）或是「大姐」（언니、おねえさん），雙方的心理距離也會因為這種形同家人的稱謂而拉近。

如果彼此同年的話，就會在關係變得比較親近的時候，改成「你這傢伙」（너、おまえ）這種有點失禮的稱謂，但其實這是韓國特有的文化，「越是親近，越沒有禮節的界線」，與「越是親近，越相敬如賓」恰恰相反，換句話說，為了表示親近，才故意越過禮節的界線。

雖然這會有種好像厚著臉皮在裝熟，假裝彼此是一家人的感覺，但從好的方面來看，雙方

可以快速破冰，拉近彼此的距離。

而且韓國人有「五百年前都是一家人」的概念，所以對方有可能是血緣很遠的「大哥」，這也影響了韓國人的人際關係。

這或許也是用來釐清家系的「族譜制度」所殘留的餘溫吧。以「因為都姓金，所以不可以結婚」的例子來看，若是彼此真的是親戚的話，倒還沒話說，但如果只是因為在高麗時代的時候，「兩家人都姓金」的這個理由而反對結婚，就實在太令人震驚了。

反觀在日本，就算已經認識了二十年，還是會稱呼對方「金先生」。相較於認識十分鐘就稱呼對方「大哥」（如果對方比較年長，就會叫我全名）的韓國，兩國在「拿捏人際關係與距離」這部分，的確有著明顯的差異。

另一方面，韓國在姑姑或舅舅這類稱謂也有類似的情況，比方說

「姑姑」（고모，指的是爸爸的姐姐或妹妹）

伯父（큰아버지，爸爸的哥哥）

叔叔（작은아버지，爸爸的弟弟）

這些親戚的稱呼都算是比較親近的稱呼。

最近的日本人很少與姑姑、叔叔來往之外，法律允許與堂兄弟、堂兄妹結婚這點，也讓韓國人非常驚訝。

換說另一種語言，個性也會跟著改變？

除了上述的稱謂之外，整體來說，韓語說得好聽一點是讓人覺得很有親切感，說得難聽一點就是裝熟的詞彙很多。

比方說，同時會說日語與韓語的人在說韓語的時候，會變得很愛裝熟。其實最近有朋友突然跑來我家玩，而且一待待到凌晨兩點，甚至還大玩吹肥皂泡泡的遊戲（不過對方很優秀，又是很惹人疼愛的人）

此外，韓語也有很多又雞婆、又像是說教的說法，比方說，我要是為了上面那件事，生氣地跟對方說「妳以為現在幾點了？妳這傢伙簡直就是沒有名言的貴婦松子（註：貴婦松子是日本超人氣主持人，以敢言毒舌著稱。）！」對方可能會嚇得大哭，整個場面會變得很混亂。不過，當她改以日文說話時，又會變得很見外，看起來很溫馴的模樣。

透過韓語建立人際關係之後，雙方的距離就會瞬間拉近。所以往好的方向來看，韓語充滿了溫情與人情味，但從另外一面來看，對方也會像是家人一樣口無遮攔或是好管閒事。

跨越時空的「自家人意識」與「寬以待己，嚴以律人」問題

——內團體偏私最為嚴重的韓語

要想了解韓語之中的親疏遠近，就一定要了解跨越時空的「自家人意識」。

比方說，韓文的「我們的」（「우리」）既可代表英文的「My」，也可代表「Our」的意思，雖然這個詞不容易翻譯，但韓語就是會把什麼事情都說成「我們的」，所以很容易產生某種集團式的幻想。

比方說

「我們的國家（우리나라）

「我們的歷史（우리역사）

「我們的奶奶（우리할머니）

由此可知，韓語之中的「自家人意識」非常強烈，這也是韓國人為什麼不會將過去發生的事情當成「在舊世代身上發生的事件」，而是習慣讓過去的事情與現在扣在一起（這意味著那些不利於自己的事情，都不能算在自己人頭上，這或許也是人類的通病吧）。

仔細想想，日語也有許多「屬於自我認同的說法，以及用於辨識日本人這個身份的用語」，但韓國人的集體意識之中，還包含了過去的一切，所以就這層意義來看，韓國人的「集體認同」非常強烈。

韓國的「自家人意識」非常強烈，就像是「寬以待己，嚴以律人」（原文為내로남불，這個縮語的意思是我外遇是因為愛情，別人外遇就是偷腥）這類問題所象徵的，韓國人是徹徹底底奉行雙標主義的人，凡是跟他們唱反調的人，不管做什麼都反對到底，如果是自己人的話，不管做什麼都擁護到底（順帶一提，這類「縮語」也充份反映了韓國人的個性有多急）。

韓國人在決定是否認同別人的意見時，通常取決於這些意見「是誰說的」，而不太在乎這些「意見的內容」。就算政策的內容相同，是自己支持的政黨所提出的就大力贊成，是自己討厭的政黨所提出的就拚死反對，這也是在韓國政局固定上演的戲碼。

反觀日本的「大我意識」就比較強，比較多人會為了保護自己的集團而「犧牲小我」。

由此可知，韓國的特徵在於藏在韓語之中的親疏遠近，以及「自家人意識」所形塑的內團體偏私。

日本當然也有相同的傾向，但韓語之中的稱謂或是「我們的」這種萬用語，都讓韓語比日語更容易一口氣拉近人與人之間的距離。

3

「禮儀與情感表達方式的差異」從眼淚就能看出情感表達方式的不同？

——想得到感謝的日本人VS想得到道歉的韓國人

一如前述，韓國人習慣見面沒多久就互稱「大哥」或「大姐」，可見韓國人與別人的「心理距離」很快就會拉近。

反觀日本人則強調「再熟也要守分寸」，對於守禮這件事非常敏感。藝人也常在電視節目說「那個年輕的藝人會不會跟我說謝謝啊？」因而引起軒然大波。此外，也常聽到「那個人不懂得尊敬前輩，所以被節目冷凍」的故事，日本是多麼重視「禮節」的社會也可見一斑。

韓國人在問路的時候，就算對方幫忙指路，不會說謝謝的比例也比日本來得高，如果與對方很熟的話，更是不太可能說謝謝。

這或許是因為韓國人覺得「兄弟之間說謝謝太見外，我們的交情不需要這樣！」但不說謝謝的比例還是日本人高出許多。

尤其在京都這種「禮多人不怪」又是高情境（High Context）文化環境下長大的我，每遇到明明此時該說謝謝的情況，都會覺得「蛤，這時候不用說謝謝嗎？」

假設剛認識的韓國人拜託我介紹適當的人選，然後我也好心地為他介紹了適當的人選，就我的經驗而言，這位拜託我介紹人的韓國人通常不會特地聯絡我或是跟我說謝謝。要是這種情況發生在希望得到感謝的日本，恐怕這個韓國人會被視為無禮之輩。

與在韓國土生土長的韓國人交往時，大部分的事情都不會說謝謝。

不過就像本書開頭所說的，凡事都有例外，會說謝謝的韓國人也很多，但就整體的平均值而言，日韓雙方還是有顯著的差異。

其實從韓國移居日本的親戚曾告訴我，韓國人雖然比日本人少說謝謝，但絕對不是不懂得感謝別人。

偷偷進行的小型社會實驗
——與交情很好的人說謝謝，真的很見外或失禮嗎？

其實我很好奇「要做到什麼地步，對方才會跟我說謝謝」，所以曾經送對方很多禮物，逼

讓對方不得不跟我說謝謝，或是曾經一直逼問對方：「你覺得那個怎麼樣？」讓對方忍不住會心一笑地說：「很喜歡啦（좋아요）。」

順帶一提，我曾經為了開對方玩笑，故意在他幫我一些忙之後，故意不說謝謝，還面無表情地看著他，但對方卻一點也不在意。

這意味著需要說謝謝是很見外的關係，越不需要說謝謝是很親密的關係，也有人認為不跟親近的人說謝謝，反而才有禮貌。

不過，有些人會故意在外國人面前誇大這種特徵，但我還是要跟大家申明，還是有不少韓國人會說謝謝。總之我的意思是，相較於日本人的禮節，韓國人的禮節有些超乎想像的部分。所以，當我們習慣日式的禮節，習慣在對方幫忙之後，立刻用手機傳訊息道謝，或是一到家就立刻像是發射迫擊炮般，發送「我平安到家了，再次感謝你」的訊息給對方，不然就是為了避免失禮，在隔天傳送「非常感謝大家，今後也請多多照顧！」這類訊息給對方，或許就會覺得「韓國人很少說謝謝，不懂禮貌」。

或許有讀者看到這裡會噗哧一笑地說：「韓國人明明死要別人道歉，卻那麼不願意說謝謝啊……」

關於這點，如果是外表完全不同的人種，或許就能「另當別論」，但是正因為日本人與韓國人的外表非常相似，才更讓人覺得反差很大。

一般來說，我們會試著從外表與文化差距甚大的歐美人士身上，找出「不多的共通之處」，然後加以稱讚，也會試著從共通之處較多的亞洲人身上，挑出「不多的差異」再加以批判，這也是眾所周知的現象。

總之，要促進兩國人民的關係，韓國人要更直接了當地向日本人表示感謝，日本人則要讓韓國人覺得很親近，同時還要懂得「因為我們交情夠，所以就不說謝謝」的道理。

另外要補充的是，韓國人通常會以實際行動表達感謝，所以比較常送禮物，很少會說「謝謝」。此外，在遇到麻煩或是慶祝的時候，就算彼此不是那麼親近的關係，大部分的韓國人還是會幫彼此做點什麼，這就是韓國為人所知的「人情味」。

哭著道歉的日本人VS哭著生氣的韓國人

——韓國人喜歡各種「上鏡」的生氣方式？

在我長年以日韓兩國的母語接觸兩國人民之後，我發現日本與韓國在公眾面前「流淚」的方式明顯不同。

這是崇尚武士道、相撲這類傳統文化，推崇靜肅的日本文化，與鼓勵特定情緒表達方式（比方說，鼓勵在失去親人或是君主時放聲大哭。在過去，還會在舉辦葬禮時，請業者來陪哭）的儒教文化圈之間的差異。

假設朝鮮王朝第一代國王李成桂不是將儒教定為國教，而是將禪宗定為國教，恐怕韓國人表達情緒的方式也會變得內斂。

年紀越長的日本人，越是習慣將情緒收在心中，讓表面保持平靜，也更是推崇相撲這類傳統文化。但是令人驚訝的是，在不得不公開道歉時，卻會被要求流淚，而且在此時流淚也不會被責備。

比方說，藝人被發現外遇、酒駕、私藏大麻或是其他醜聞的時候，常常在閃光燈此起彼落之際大哭，經營者宣告公司破產時，也常在記者會流淚。

如果替日本人的謝罪分級，大致可分成只透過語言道歉的「輕度謝罪」；邊哭邊道歉的「中度謝罪」；而如果是真心乞求原諒的情況，還會提供「邊哭，邊下跪」的全套服務。

此外，如果是偶像團體的某位成員犯下了性犯罪，或是搭擋吸毒的話，有些平常讓人覺得他不是愛哭鬼的藝人，也會為了這些不是自己犯的錯在鏡頭前面來場「謝罪大秀」，邊哭邊說：「我真心感到遺憾，引起社會騷動，真的非常抱歉。」

其實有些人會為了讓大眾覺得「錯不在你」而故意道歉，營造一種「明明你沒錯，卻還是低頭道歉」的觀感。

即使如此，一把年紀的人在公開場合流淚與道歉，在全世界還是十分少見。尤其在推崇武士道與相撲文化，不允許喜怒形於色的日本，這更是不可思議的現象。

不過，日本人為了表示「真心道歉」，就算是假哭，也會盡力擠出幾滴眼淚。

不在乎得到「感謝」，卻對「謝罪」異常執著的韓國人

相較於日本人，韓國人反而會在勃然大怒的時候流眼淚。

韓國人雖然不太在乎別人的「感謝」，卻對「謝罪」有著異常的執著。此外，就算得到別人的道歉，也很計較對方是否「真心道歉」。

在二〇二一到二〇二二年初的總統大選之中，雙方陣營來了一場「向國民謝罪」的大混戰。在這場混戰結束之後，大部分的媒體都以「虛情假意的謝罪」抨擊雙方陣營。此外，我曾多次親眼目睹那些平日看似高雅的上流社會淑女，為了逼對方道歉而以非凡的氣勢怒罵。

大家應該看過，在韓劇裡面人物連感到悲傷的時候都會破口大罵，而且在看時代劇的時候，日本的公主總是很文靜，但韓國的王妃卻幾乎每一集都在罵人。

老實說，我在第一次看韓劇的時候，曾因為發現「呵呵，原來不只是我家會這樣破口大罵啊」而鬆一口氣。順帶一提，我太太學會的第一個日文單字，就是對我說的「給我道歉」。

在此想請大家記住的是，日本人的謝罪通常很誇張，所以得替他們的謝罪表演打個折扣，才能知道他們的謝罪有幾分真心。

反觀韓國人會刻意表演生氣的樣子，所以也要打個折扣，才會知道他們到底有多生氣。

韓國各式各樣為了上鏡頭而「表演的怒氣」

在此為大家介紹個有趣的冷知識。首爾常有各種示威遊行舉辦，但只有在電視台來拍攝的時候，抗議的人才會擺出猙獰的表情，以及高喊遊行的口號。

而且這些遊行的人都希望透過社群媒體引起迴響，所以都會為了放上 Instagram 而演出生氣的樣子，每每看到這些照片，都會覺得他們很誇張。

比方說，我在首爾的家位於最高法院附近，所以常常看到有人在遊行，就連在寫這本書的現在，也有人拿著最高法院的法官的照片以及喪禮花圈包圍法院，同時高喊：

「公正的司法已死！辭職謝罪！」

除此之外，也有人會戴上面具抗議或是跳舞抗議，如果被附近居民抗議太吵，就會改成點燭蠟抗議，或是以演短劇的方式抗議，總之有各種抗議的表演。

不過，一沒了攝影機，遊行的人就會暫時休兵，旁邊也有人發送食物或是飲料，也有不少人開心地跳舞。

這不禁讓人覺得「韓國的示威遊行果然是為了健康而舉辦的體育活動或是社群活動，又或者是為了釋放壓力舉辦的憤怒嘉年華」。

相較於在各種情緒之中，特別習慣將怒氣吞進肚子的日本人，韓國人這種發洩怒氣的情緒表達方式算是一種文化特色了。

其實韓語的髒話比日語多非常多，之所以會有如此差異，應該是因為深植韓國傳統的儒教文化注重爭辯，而影響現代日本文化極深的武士道，卻是追求沉靜與內斂的緣故吧。

話說回來，在我們的印象之中，好像從來沒看過喜好爭辯又喋喋不休的武士吧。

總之，在比較兩國國民表達情緒的差異之後，想必大家已經知道日本人特別在乎「感謝」，而韓國人尤其在乎「謝罪」了吧。

4

「家庭關係的差異」從自家人的稱呼看出公私的優先順序

——比較日本與韓國的結婚典禮得到的結論

在比較日韓的人際關係時，絕對不能不提到「謙遜」的重要性。謙遜當然是全世界共通的美德，美國或是歐洲也視謙虛為美德。尤其在選舉的時候，敵對的雙方陣營也會不斷地高喊：「政治家應該對國民更加謙遜，必須為了過去的傲慢向每位國民謝罪。」

不過，被譽為武士道之國的日本比其他國家更講究「謙遜」，有時候那種力求身段放低的姿態，會讓人不禁覺得「這是在虐待自己嗎？」

老實說，就算被別人看穿心裡想的不是那麼一回事，那種刻意強調「謙虛」的作風還是很討人喜歡。

「稻穗越是豐實，頭便垂得越低」這句諺語，足可象徵日本的美德，有時日本人甚至將自己的兒子稱為「愚息」，將自己的妻子稱為「愚妻」（若是譯成英語，就是stupid wife，這殺傷力也未免太強了吧）。

要是在歐美國家說什麼「愚妻」，肯定會被認為是歧視女性，但在日本，這種貶低自家人的語氣反而受到歡迎。

此外，就算自己寫了一本書，也覺得是自信之作或是名著時，也只能將這本書形容為「拙著」。

在贈送禮物的時候，也只能跟對方說：「一點小東西，不成敬意。」（つまらないものですが）。我的商業夥伴在參加會議時，也會刻意說：「感謝各位讓我參加會議，請容我沾汙末座。」以表謙遜之意。

此外，為了捧高對方的地位，通常會稱對方的公司為「貴社」或「御社」，不然就是加上敬語的「樣」，說成「Sony樣」或是「TOYOTA汽車樣」，至於自家公司就稱為「敝社」，或是稱呼自己為「小生」，盡可能放低身段。

與足以代表日本的公司做生意的時候，光是身段放軟還不夠。感覺上，必須做到用挖土機在地面挖出一個洞，然後將下半身埋在裡面，再抬頭仰望對方的程度，才算是合乎禮節。

反過來說，只要謙遜地面對日本人就能得到他們的尊敬，若是讓他們覺得你很傲慢，卻不能讓他們覺得「這個人傲慢是應該的」，恐怕他們就會對你相當反感。

因此，能在日本爬到頂點的人，通常身段都很低，也一直維持謙虛的態度。

反觀韓國的社長或會長若是沒擺出應有的派頭，反而會被人瞧不起，所以就某種程度而言，日本與韓國在這個部分可說是互為對照組。

不過，或許是因為日本的社會大眾，尤其是年輕人已經厭倦這種「過度講究禮儀與謙遜的社會規範」，所以視非日常為日常的演藝圈似乎出現了一股「顛覆社會規範的需求」，例如早期的篠原友惠、前陣子的蘿拉以及現在的不破遙香就是其中一例。

親子的禮儀、長幼的關係如今仍然健在

——在韓國，不會像日本那樣貶低自己與自家人

相較於日本，被譽為儒教之國的韓國，在面對親人、朋友或是長幼關係的時候，仍必須遵守一定的禮儀。

雖然大部分的儒教道德已經逐漸成為歷史的灰燼，但是現在的韓國仍十分重視親子的關係以及長幼的順序。

韓國人在第一次見面的時候，通常會先問年齡，再決定說話方式。

我以韓語跟韓國人交談時，如果聽到年輕人沒對我用敬語，我也會氣得內出血。

如果是以英文交談的話，或許不會那麼計較，如果是外國人的話，則可以體諒，但是，如果對方是韓國人，而且年紀又比較小，卻沒有用敬語交談的話，真的會很生氣（就算是綜藝節目，韓國是不可能接受不破遙香那類藝人）。

順帶一提，當我們在企業顧問公司服務時，有位德韓混血的年輕諮詢顧問，我被他用英文頂嘴時，完全不會覺得不爽，但是當對方使用韓語回嘴時，我體內的儒教魂就會甦醒，我也會覺得很不爽。

在韓國聚餐的時候，如果是在年長者面前喝酒，通常要把頭轉向另一邊，然後用手遮住酒杯再喝，才算是有禮貌（雖然現在很多人都不這麼做，但也有很多人會遵循這個傳統）。因此，當左右兩邊都坐著比自己年長的人，把頭轉向哪一邊，就代表更重視另一邊，這種得一邊左顧右盼，一邊喝酒的聚會真的很痛苦。

這與在神面前，人人平等，不管年齡或是職位高低，一律叫名字的基督教文化圈實在很不一樣。此外，韓國人在稱呼自家長輩時，也一樣會使用敬稱，尤其在與外人聊到自己的父母時也會使用敬語，例如會以「其實家父也說過……」的方式稱呼自己的父親。

從這種日常習慣可以窺見的是，貶低自己或是自家人，藉此抬高他人地位的謙遜文化，在崇尚武士道的日本是不容忽視的文化，在信奉儒教的韓國則不那麼重要。

日韓結婚典禮的最大差異是什麼？

最能忠實體現兩國文化差異的事物莫過於「結婚典禮」。

日本人舉辦結婚典禮的時候，親戚會坐在出入口附近的末座，但是韓國人舉辦婚禮時，距離舞台最近的主位一定是新人父母的座位。換言之，這是尊重父母更勝於來賓的文化。

順帶一提，韓國人的結婚典禮也深受「快快文化」的影響，差不多一個半小時就結束，簡直就像是光速一樣快。相較於耗時三、四小時，新人宛如藝人般出場的日式婚禮而言，韓式婚禮的節奏真的是非常急躁。

此外，韓式婚禮的規模通常比日式婚禮大得多，來賓人數也更多，但是來賓通常都是雙方家長的客人，這點也是兩國結婚文化的明顯差異。

若說得更清楚一點，一說認為是因為朴正熙政權曾下令禁止韓國人民在婚喪喜慶過度鋪張浪費，才導致結婚典規的規模縮水。

此外，也有人認為，之所以宴請雙方父母的朋友是為了「收禮金」，但現在有不少婚禮都事先申明不收禮金，所以不能一概而論。

韓國這種「親戚的地位高於社會關係的文化」，與日本的文化真的是互成對照組（由於朝鮮王朝篤信儒教，所以全國人民都被灌輸在父母親死後三年，都要守在墳墓旁邊的概念，但這應該會對經濟活動造成極大傷害），因為日本人從小就被教導要犧牲小我，顧全大我，比起照顧家人，更要對社會有所貢獻，所以就算父母親過世，放棄參加葬禮，選擇上台表演的藝人或是主持人反而會被讚揚。

這不禁讓人覺得，就是這種重視父母親與祖先的文化，才讓韓國人如此執著於過去。

5

從待客文化發現客戶體驗的差異

「待客文化的差異」——「顧客就是神」的日本 VS「好管閒事」的韓國

在討論日韓兩國人際關係差異的最後，要為大家介紹兩國在「待客文化的差異」。在日本，大多數的人都有「款待外國觀光客，讓他們愛上日本」的使命感，而這種待客之道已滲透全國每個角落。

此外，一如士農工商這個排序，商人在長年和平的江戶時代被視為社會地位最低的一群人，所以「顧客就是神」以及款待客人的文化也深植服務業。

一說認為，除了武士之外，農、工、商的地位是平等的，這種說法也十分有力，但日本的確是全世界最對顧客卑躬屈膝的國家。

順帶一提，儒教輕商抑利，所以經濟無法正常發展，佛教也不鼓勵信徒追求慾望或是盡情消費，所以經濟活動會停滯。仔細想想就會發現，位於朝鮮半島的國家長期信奉對於經濟發展沒有任何生產力的宗教與哲學。反觀日本就是因為商人在江戶時代累積了資本，所以才能早一步成為近代國家。

另一方面，我去韓國的時候，偶爾會在餐廳看到店員欺負語言不通的觀光客（五星飯店或是米其林餐廳自然是另當別論）。

此外，不管是在超商、醫院還是公司，非要等到客人走近，店員才肯放下手機，關掉Kakao Talk（韓國的通訊軟體）或是線上遊戲。

或許是這幾年受到日本的正面影響，願意提供「優質服務」的韓國商家越來越多，但還是缺乏積極招呼客人的概念。就連氣氛本該莊嚴肅穆的景福宮衛兵交接也有類似的情況。只要靠近這些衛兵，就會發現這些假扮景福宮禁軍的衛兵居然邊交接邊聊八卦，這不禁讓人覺得有點隨便。正因為旁邊是以最優質的待客文化聞名全世界的日本（日本當然也有服務態度很差的店，但就平均水準而言，服務還是十分優質），反而突顯了韓國人有多麼散漫。

韓國當然也有很多待客親切，服務優質的餐廳。不過，到處都有拒絕人數少於四人的韓式五花肉餐廳（삼겹살），而且一到了晚上，許多計程車司機一旦知道乘客要去的地方與司機自家的方向相反，就會一臉若無其事地拒載。如果習慣日本的服務水準，內心真的會因為這些事情而受傷（話說回來，如果習慣香港的服務水準，反而會覺得韓國的服務水準超級優質，所以凡事都是比較出來的）。

這與奉行「款待文化」的日本恰恰成為對照組。日本的商家基本上是奉客人為上賓，而且除了「款待文化」之外，日本人也視謙遜為美德，所以去料亭的時候，服務人員總是跪在地板上，以仰望客人的角度服務客人，不然就是一邊九十度鞠躬，一邊說著「感謝光臨」，然後目送客人離開，但我總是覺得這樣實在太矯情，所以一走出店外，就會全速跑離現場。

不過，也是因為這種服務水準，才讓絕大多數去日本旅行的韓國人覺得「日本店家非常親切，又很有禮貌」。

日韓計程車待客之道的比較

——公私界線分明的日本與公私不分的韓國

最能說明日韓待客之道差異的例子，應該就是計程車文化了。

一般來說，全世界公認最講究禮儀與儀容的計程車司機，就是東京的計程車司機。他們除了一身西裝筆挺之外，還會戴上制服帽，以及幫客人開門。更重要的是，他們幾乎不會拒載，乘客上車之後，也會有禮貌地接待乘客。

反觀首爾的計程車司機就穿得很隨意，收音機也開得很大聲，還常會刻意找乘客聊天。我在寫這段的前幾天也在首爾坐了計程車，結果司機硬是要我欣賞他收集的全世界電車車票照片，以及擺在自家客聽的迷你車收藏照片。

此外，一邊開車，一邊對著手機另一端的人大罵的計程車司機也所在多有，不然就是明明自己也開得很快，一遇到突然搶道的車子，就破口大罵「混蛋」（씨발、くそ野郎！）的計程車

司機也不在少數。

簡單來說，日本人通常有兩種身份，一種是在職場或是公開場合的自己，一種則是私底下的自己，但韓國人的公私界線卻不那麼分明。

所以在超商服務的小哥或是公司的櫃台才會那麼專心地玩手機。

在韓國常遇到計程車拒載的情況，經營餐廳的大嬸也被尊稱為「社長」

韓國不像日本，不會將顧客奉為神明，而這點從韓國服務業員工與客人之間的距離可以看得出來。

比方說，在韓國會尊稱計程車駕駛為「司機大哥」（기사님，運転手樣），反觀日本則恰恰相反，不管計程車司機有多麼客氣，還是有不少日本人對計程車司機不太禮貌。

在韓國，連經營餐廳的大嬸都會被尊稱為「社長」（사장님，社長様），就算是服務業，較年長的員工通常能與顧客平起平坐。

在韓國當然也有對電話促銷的年輕員工大呼小叫，傲慢無禮的人，偶爾還會在自動語音應答聽到「讓我們把員工當成自己的家人吧」這類內容。

或許顧客對店家的這種態度也反映了「態度隨著對方的年紀而改變」這種儒教文化。

不管事實為何，日本的電視台偶爾會為了將韓國塑造成「反日」的國家，而故意製作特別節目，邀請來賓大談被拒載或是被拒絕接待的慘痛經驗，但其實韓國人自己也常被拒載或是吃閉門羹，由此可知，「會不會被歧視與是不是日本人，根本一點關係都沒有」。

在韓國的健康檢查受到的屈辱

——對客人「太過雞婆」的韓國

此外，韓國人這種過於親近的人際關係也於各種領域出現，所以即使對方是陌生人，韓國人也改不了雞婆的個性。

我在寫這段的三天前，在首爾江南區的某間診所做了健康檢查，但個頭很大的我，啊，正確來說，是太過肥胖的我找不到血管，所以護士改成手背抽血。沒想到這時候護士居然對我說：「要記得好好減肥，下次才能改從手臂抽血喲。」

除此之外，還常聽到店家說：「我家這道小魚乾很好吃，在吃主食的湯之前，一定要先吃這道前菜！」或是在保母前面餵寶寶吃飯時，會被保母念：「飯跟肉要拌得更均勻一點，不然小孩不愛吃！」

就整體來看，會像這樣好管閒事的人很多。其實我很想大喊「別管這麼多！」不過，這一切都是源自「與客人的心理距離很近」的緣故吧。

所以該怎麼「處理兩國之間的關係」？

在了解兩國的種種特徵之後，到底哪些因素對兩國之間的交流造成影響呢？

第一點，韓國人與日本人聊天時，偶爾要過度謙虛一點，才能搏得日本人的信賴。

或許是因為儒教文化的影響下，許多韓國人都好為人師，喜歡「站在指導他人的立場」，所以韓國人必須特別注意前述這點。

就算說的事情是正確的，「裝熟」的態度或是「高高在上的立場」，往往會引起日本人莫大的反感，因為謙虛的另一面就是尊重對方的自主性。

在日本，強迫別人接受自己的想法，或是硬要別人採取行動，會被認為是不知天高地厚的傢伙。因此，給對方一些訊息，讓對方能夠自己導出結論才符合日本人的習慣。

其實仔細想想就會發現，日文文章之所以又臭又長，不到最後不知道結論，其實也非常符合日本人的個性。

此外，韓國人如果得到日本人的幫助，務必提醒自己傳個感謝的簡訊給對方。他們不是儒教「五倫」之中的「朋友」，所以不可以厚著臉皮裝熟。

儒教的「五倫」並未包含現代的日本人。

在得到日本人的幫助之後，隔天早上傳個「感謝」的訊息，日本人就會覺得你是個懂禮貌的人。反過來說，日本人與韓國人來往時，要知道韓國人重視「謝罪」更勝於「感謝」。一旦彼此發生了糾紛，絕對不要說什麼「我們雙方在認知上出現落差，真是遺憾」，不要選擇這種曖昧的表達方式，而是要更明確地道歉，如此一來就能得到韓國人額外的尊重。

假設對方比較年長，不妨試著親暱地叫對方「大哥」或「大姐」，肯定能一口氣拉近彼此的心理距離。

尤其要在快要結帳的時候試著這樣做。如果對方比較年長的話，說不定會幫你出午餐或是下午茶的費用。

變化激烈的韓國男女關係與現代文化

——電影《我的野蠻女友》上映後，「野蠻的太太」越來越多？

一說到韓國，大部分的人都會想到「儒教文化」，但一如本書開頭所述，韓國社會的變化也十分「快速」。

只要過了二十年，各世代就會出現民族性完全不同的族群。

韓國人的文化更新速度快得就像是三星 Galaxy 換代的速度一樣。

韓國社會的變化速度之快，連歷史悠久的儒教文化也難以抵擋。

儒教有父子、君臣、夫婦、長幼、朋友這種規定上下關係的細則，而其中「男女的人際關係」在現代產生了劇烈變化。老是把「韓國女性是全世界最弱勢的女性」這種過去當成現在進行式的人，恐怕不知道現在早就不是這樣了。

男尊女卑這個著名的儒教思想到底去哪裡了呢？韓國女性的崛起速度之快，恐怕沒有任何一個國家的女性跟得上（韓國第一夫人金建希就非常強勢）

此外，有些男性為了抵抗這股潮流而不斷地批判女性主義，例如頂著一頭短髮參加東京奧運的女子射箭選手就屢屢遭受誹謗與中傷。

雖說女性還是遭受了某些不平等的待遇，但女性的社會地位會像這樣急速上昇，絕對與出生率急速下滑有關係。其實就全世界來看，早期的韓國人不太尊重自己的妻子，就算妻子是為家裡生了五、六、七個小孩的母親也一樣。不過，當小孩急速減少之後，能幫家裡延續後代的妻子也跟著擁有更強的話語權。

急速變化的男女關係

——韓國連續劇讓罹患公主病的女性變多？

韓國女性之所以變得強勢，一部分與在二十世紀爆發的「亞洲金融危機」之際，對傳統價值觀的檢討有關，但另一個很重要的部分在於，現代女性的標竿因為流行文化而變得不切實際。

許多人在看了於二十一世紀初期上映的電影《我的野蠻女友》之後，劇中那強悍的韓國女性樣貌的確讓許多人為之震驚。不過，在這部電影上映二十幾年之後，要從韓國女性之中找出「野蠻女友」或是「野蠻太太」已變得非常容易。

此外，一如我們在《寄生上流》這部於全世界造成轟動的電影之中所看到的上流社會夫人，在韓國也有越來越多這類完全不需要做家事，平常聊天時，還動不動挾帶幾句英文的女性。

典型的韓劇劇情之一就是「高富帥的專情男性拼命保護冒失無比的單身女性」，而這種情節曾經大受歡迎。

這些情節導致女性心目中的理想對象都是「像連續劇主角的財團理事、總統兒子，或是工作能幹的律師與高富帥的男性（而且還能包容女性的一切）」，而這些都是「不可能實現的期待」。

這些「不可能實現的期待」導致專屬男性的健身房與專門服務女性的整形診所不斷增加，好讓自己的外表變得更強壯或是更美麗，韓國男女也因為這些不切實現的期待承受莫大的壓力。

除了符合韓國女性理想的連續劇之外，我個人非常期待能有一部符合儒教思想，但是卻反過來保護老公的女英雄連續劇，以便將韓國女性對於男性的期待值拉回現實。

「全世界出生率最低」、「全世界自殺率最高」「全世界男性壓力最大」？

——韓國與賺不多也能過活的日本有什麼不同？

將注意力放在文化的其他面向或是宏觀的數字，會發現韓國是全世界出生率最低的國家（0.81%／二〇二一年十二月韓國統計廳的數字），也是在 OECD 國家之中，自殺率最高的國家，更是婚姻諮商所與夫妻心理諮商診所到處都是的國家，而這一切都隱約透著不對勁的氛圍。

在我還是單身的時候，與日本人及韓國人都曾交往過，就我的經驗來看，患有「公主病」的韓國人不僅比日本人來得多，大部分的韓國女性都對男性有著相當高的期待。進入二〇〇〇年代之後，什麼都講究男女平等，「女士優先」也蔚為風潮，但即使是雙薪家庭，家計還是全壓在男方肩膀上面，這或許也是儒教文化的遺毒吧。

明明現在已是雙薪家庭的男性也得幫忙做家事的時代，而且有時候男性還負擔了一半以上的家事，但是聘請幫佣的費用還是全部落在男性頭上。換句話說，男女雖然擁有相同的權利，但是相關的義務卻全部落在男性身上，而且這樣的家庭還不少。

當然也有女性非常辛苦的家庭。由於我太太也會讀這本書，所以我要在此事先聲明，我的另一半非常優秀，配我簡直就是鮮花插在牛糞上，所以這些描述完全無法套用在她身上。不過，在自古以來的儒教文化的影響之下，大部分的韓國人都認為「男性必須強悍」、「女性必須美麗」，這種「必須如何如何」的思想太過強烈，導致韓國男女不太習慣接受最原本的彼此，這也是韓國文化令人覺得窒息的特徵。

此外，不服輸的韓國人相對較多，若是遇到比自己擁有更多的人，很多人都會變得自卑或是憤世嫉俗。在這些人之中，「三放世代（放棄房子、結婚、生小孩）」或是「五放世代（放棄房子、車子、結婚、生小孩、工作）」的比例也越來越高。

一般認為，在貧富差距日益擴大以及既得利益階級不變的情況下，這種忍不住與別人比較的個性是讓韓國社會的壓力指數節節上昇的原因之一。

所以就連總統大選也會不斷地高喊「打造公正、符合常識與正義的社會」的口號。

此外，若與日本比較的話，韓國真的是超高壓社會，因為日本人就算收入不高，也有便宜的公寓可以住，而且還有許多適合年輕人的工作，不用擠破頭成為菁英，也能像一般人一樣結婚生子。

韓國版《男人真命苦》

——拜倒於孕婦面前的韓國男性？對美容過於執著也是一大社會問題

韓國女性的地位崛起，男性壓力變大的理由主要有三點。

①孕婦對老公的高度期待

第一點，前面提過，韓國是全世界出生率最低的國家，所以能生小孩的女性漸漸握有絕對的話語權，生產相關費用也變得非常昂貴（在日本的話，若是在山王醫院這種被譽為東京婦產科前三名的醫院生產也得花一大筆錢，但是與韓國比較的話，都還算是小事）。

男性不僅得將孕婦奉為女王，還得隨侍在側。比方說，日本的女性通常都自己一個人去婦產科，身邊不會有男性陪著，韓國女性要是聽到這種事，絕對會大吃一驚。

此外，「坐月子中心」（산후조리원、產後調理院。讓孕婦在生產之後，能夠休息兩週以上的設施）這類專為女性設計的生產相關服務也非常完備，就算回到家，也有許多人會高價聘請家政婦來家裡幫忙。

在香港或是新加坡的話，大概一個月七百美元就能請到幫忙照顧嬰兒的保母，但是在韓國的話，至少是每個月三十萬日圓的行情，如果是到府保母的話，每個月至少得花五十萬日圓。

除此之外，韓國小孩子的學費也是全世界最貴。

這意味著，現在的韓國已經一步步變成手邊沒有一點閒錢，就別想養兒育女的社會。

②「懷孕成本」全壓在老公肩膀上

第二點，要在韓國企業申請產假比在日本企業申請還困難。其實日本對於產婦非常友善，員工申請產假之後，還是支付一定程度的薪資，反觀韓國在這方面就遜色不少。

因此，相對於整個社會與公司都會照顧孕婦的日本而言，韓國習慣由男方承擔所有「懷孕成本」。

③韓國女性對於美容異常執著

第三點，韓國女性對於美容的異常執著，也導致願意懷孕的心理門檻提高。比方說，有一群人會一直強調「女性生產之後，體型會改變，皮膚會變得粗糙，會一直掉頭髮」，有不少女性在聽了這些「關於外觀的影響」之後便氣得大罵「我為了懷孕這麼痛苦，犧牲這麼多，全部都是老公害的」。

我覺得要不要生兒育女是個人的選擇，生小孩也不見得都是好事。不過，對於外表的投資以及誇張的教育費用的確讓結婚與生小孩變得困難重重，也讓韓國快速進入高齡化社會。順帶一提，韓國的美容產業非常完善，其中肌膚保養、身體保養、肌膚拉提、美髮沙龍、美甲沙龍、施打肉毒桿菌、美容整形、除毛、增加髮量，而且價格從低到高都有。雖然日本也有這些美容服務，但是在韓國，這些服務真的到處都有。

光是使用由愛茉莉太平洋（Amore Pacific）推出的化妝品牌「雪花秀」，就能讓肌膚變好，但是這間公司還推出了套裝組合，後續又推出了保養的面膜與臉部按摩機，專攻肌膚保養這塊領域，這意味著，為了保養肌膚而生的人就是這麼多。

此外，雖然美麗與否以及成績好壞都是相對的概念，但有些人就是非常好勝，即使已經非常美麗或是非常用功，還是很害怕自己比不過身邊的人，也有人因此承受過度的壓力，而且這些壓力往往都壓在男性身上。

明明是先進國家，卻是國民最想尋死的國家？

自殺率這個話題曾在韓國先前的總統大選浮上檯面。在所有 OECD 國家之中，韓國的自殺率可說是遙遙領先。如今的韓國雖然已經豐衣足食，自殺率還是比國家陷入貧困的一九六〇年代高上許多。

眾所周知，日本與韓國在家電、汽車的市場，乃至於足球都是彼此的競爭對手，但是就連自殺率、出生率，以及員工的向心力高低，也是競爭的項目。

除了登上新聞版面的藝人之外，我的朋友之中，也有不少人自殺。想必在公開發表的數字背後，還有許多人苦不堪言。

自殺率居高不下的主因為貧富差距，而這個問題與不斷飆高的房地產價格通常都是地方選舉最熱門的話題。明明在經濟層面是先進國家，但是貧富差距卻越拉越開，因此水深火熱的人也非常多，一直以來也是社會問題。

社會與文化的變化以及貧富差距的擴大速度都過於快速，所以韓國很可能成為社會弱勢族群心目中「最不想生小孩的國家以及最想尋死的國家」。韓國總統尹錫稅應該將目標放在讓韓國成為「最想讓人生兒育女以及活得長長久久的國家」。

不過，當我與那些在全球金融機關韓國分部擔任幹部的朋友，也就是上流階級或是人生勝利組聊到這些事情的時候，他們的看法可就截然不同。

前幾天在江南區的 MAKGEOLLI 酒吧與在摩根大通韓國分公司順利升職的朋友聊天時，可以發現他們對於韓國的生活 120% 滿意，甚至覺得「待在韓國非常幸福，也希望每天都能如此幸福」。不過，這份幸福終究只限於「經濟方面的人生勝利組」。

其實日韓都有貧富差距這個社會問題，而且因為貧富差距而落入社會底層，生活痛苦萬分的人也越來越多。

有不少韓國國民認為，從不斷攀比、不斷競爭的高壓社會轉型為活出自我，認同多元自由的社會，遠比「將總統辦公室從青瓦台搬到其他場所」這種國民一點都不在乎的政策來得重要太多。

此外，連之前再三提到的「快快文化」也應該快快轉型。

另外要補充的是，在二十幾歲與三十幾歲的族群之中，越來越多人想活出自我以及追求慢活的生活，而這些人的價值觀與生活型態，也與他們的上一代截然不同。

由於韓國社會的變化極快也非常多元，那些韓國的刻板印象早已像是日本浦島太郎的故事，成為往日舊事了。

教養檢查表

①在日本與韓國的飲食文化之中，最具代表性的日韓文化象徵是什麼？請一併寫下具體的理由。

關鍵字 醃蘿蔔與泡菜　懷石與拌飯　開胃菜與贈品　結帳方式

②請指出在日本與韓國的人際關係之中最具象徵性的差異。兩國在這方面有哪些差異？在這些差異的影響之下，兩國國民該如何相處，才能拉近彼此的人際關係呢？

關鍵字 大哥　姑姑　自家人意識　人際關係的距離　寬以待己，嚴以律人

③日本與韓國在表達情緒的方法各有不同。具體來說，有哪些差異呢？在彼此交流時，又該顧慮哪些事情呢？

關鍵字 日本重視感謝　誇張的感謝方式　韓國重視謝罪　誇張的憤怒方式　真心的謝罪

④日本與韓國的家庭關係各自的特性。具體來說，有哪些差異呢？

關鍵字 自家人的稱呼　日本的自謙　在年長者面前的喝酒方式　結婚典禮

⑤日本與韓國在待客方式與待客文化有明顯的差異。具體來說，有哪些差異呢？

關鍵字 顧客是神　司機大哥　社長

「章末特別練習」

本書舉出了哪些韓國文化急速變化的例子呢？日本與韓國又有哪些共同的社會問題呢？

前篇

日韓兩國的文化差異與日韓關係的變化

第二章 為什麼韓國人死抓著過去不放，日本人卻絲毫不覺得自己該負責任？

——信奉武士道的日本與崇尚儒教的韓國在規矩上的異同

在第一章根據我長年沉浸於兩國文化的經驗，介紹了日韓兩國的人際關係有何差異。

第二章則要從兩國的歷史與文化探討這種文化差異從何而來。其中會特別著墨在兩國對彼此常有的「兩大疑問」，也就是「為什麼韓國人那麼愛計較」以及「日本人為什麼那麼不負責任」，並試論儒教與武士道的文化差異與兩國自古以來的「集體記憶」。

慎終追遠，重視祭祀的韓國文化

雖然我是在京都出生的在日韓國人第三代，但是小時候在發現日本朋友家不祭祖（제사，祭祀）這件事之後，真的很驚訝。當然也有在家裡設立佛壇，重視祭祀的日本家庭，但很少會邀請所有親戚一起參與。

對我家而言，祭祀曾是在一年之中非常重要的活動，也是生活的一部分。由於韓國人非常尊重祖先的靈魂，甚至有人提議「在計算韓國人口時，應該連同幾倍於人口的靈魂一併納入計算」。

在中國，這種祭祀活動通常回溯至前四代，但在朝鮮半島的話，早期通常會回溯到遠古的祖先。不過，這麼做成本實在太高，所以在傳統文化之中，只回溯至前四代。

雖然每個家庭的祭祀方法不盡相同，但基本上就是在祖先的忌日凌晨零時之際，邀請所有親戚到家裡，然後將祖先的照片與供品擺在大桌子上，然後每個人各跪拜兩次。

儒教認為，祖先的靈魂永遠不會消失，所以每次行禮時，都會移動湯匙或筷子的位置，代表一起用餐。其實我的兄弟直到現在，每年都會特地前往韓國高靈郡的深山掃墓。

這種文化讓小時候的我覺得「哪天我死掉之後，後代子孫都會在忌日的時候祭拜我，還真是不錯」。

有件事我只敢在這裡說，那就是如果我因為太胖而先走一步，我希望小孩也能祀奉我，因為我覺得與其說這是為了懷念我，不如說是我希望他們記得我曾經多麼愛他們，希望他們能更愛惜自己。此外，特別慎終追遠的家庭會連祖先的生日都祭祀。

雖然每次祭祀的時候，親戚都會齊聚一堂，但是都只有女性準備供品，男性只負責將供品端上桌，行完禮之後，也只需要負責吃完。

所以若從現代來看，這種祭祀的傳統文化說不定讓人覺得很討厭。

不過這種傳統文化也一直在改變，比方說，有些家庭會以比較簡單的形式祭祀，信奉基督教的家庭則是乾脆不祭祀，而這些變化的速度與規模，則容我留到下一章介紹。

由「神話人物」形塑集體記憶的日本

另一個令小時候的我特別印象深刻的文化差異，或說是集體記憶的差異，那就是「祇園祭」。

從我懂事到去東京念大學之前，我每年都在祇園祭撈金魚，或是哭著要媽媽買「鍬形蟲」給我，或是在高中朋友代代相傳的旗屋一起賣稱為粽子的護身符。

直到長大之後，我才知道在山鉾巡行之中最為重要的「御神體」是「神功皇后」，而當我知道這個神話對日韓兩國的集體記憶造成極大影響之後，再也沒辦法天真無邪地享受祇園祭的氣氛。

那麼話不多說，就讓我為大家介紹對日韓兩國的文化造成深遠影響的傳統文化，到底有何不同，以及為大家分析由中世紀、古代、太古時代的神話與歷史揉和而成的「集體記憶」。

1 為什麼韓國人死咬著歷史不放？

——祖先的靈魂不滅？儒教、朱子學、性理學與理氣二元論

之前在第一章比較了日本人與韓國人的差異，但有可能是因為兩國的文化有許多共通之處，所以在個人的行為模式或是價值觀而言，看到許多讓人不禁覺得「這不是幾乎一樣嗎？」的部分。

不過，在政治或是某些特定的語境之中，就會出現一些源自兩國傳統價值觀的差異。或許是受到講究正統性的儒教影響，韓國特別重視回顧過去的歷史。

比方說，《朝鮮王朝實錄》是以編年體的方式寫成，其中記載了約五百年的歷史，至於數量的部分，依據不同的計算方式，約為一七〇〇～二一〇〇卷左右。

而且為了避免這些文件被燒毀，還特別複製了四～五份，分別於四～五個位置保存。據說這些文件堆起來可高達三十二公尺，差不多是十二層樓的高度（最後兩代是在日本的統治之下撰寫，所以被排除於正史之外）。

這份被列金氏世界紀錄列為世界紀錄遺產的《朝鮮王朝實錄》擁有豐沛的歷史紀錄，所以韓國的時代劇從來不缺相關的歷史題材。

這種「重視史實的堅持」也對韓國的現代文化造成深遠的影響。

比方說，日韓兩國的新聞報導或是政治家常用的單字，也充份反映了「儒教道德」與「武士道精神」的差異。

以「查明真相」為由，回溯過去的儒教國家——韓國

若是常看韓國的新聞，會常常看到「真相究明」（查明真相）這個單字。

每次看到這些「探討幾十年前真相」的報導，都會覺得「已經花了這麼長的時間調查，到底還能挖出什麼真相？」也覺得這種做法很不可思議。

其實這些新聞節目除了探討韓國與日本之間的歷史糾葛，還不斷追討世越號事件、光州事件的真相，前陣子還挖出排球選手或是藝人在念小學的時候霸凌同學的過往，所以意在回溯過去的「真相究明」的這個單字才會如此頻繁地出現。

大部分與政治有關的「真相究明」都與韓國國內的政治對立有關。

在韓國，因為南北韓問題以及國內兩大政黨的對立非常激烈，所以為了讓對方失去正統性，往往會以「查明真相」、「清算積弊」的方式扒糞。

重視「過去的正統性」的儒教傳統

——無論如何都要廢除過去的國王或王妃的堅持

若是常看韓劇，應該會看過在幾代之後，讓被廢位的王妃復位的劇情，而這個傳統至今仍然存在。

在北韓也有類似的情況。比方說，當金正恩成為金正日總書記的繼承人之後，整個國家便開始替金正恩之母高容姬進行造神運動，她也因此從金正日總書記的「情人」躍升為偉人。

另外提個小插曲。朴一教授所撰寫的《我們的英雄都在日本》（講談社）曾經提到，高容姬的父親曾在日本指導職業摔角團體。這不禁讓人懷疑，金正恩的外公該不會曾經是日本職業摔角選手，金正恩也真的給人一種反派摔角選手的感覺。

在此要先跟覺得這段很有趣的讀者說聲抱歉，因為這個說法是錯誤的。高容姬的父親是在大阪縫製工廠工作的高京澤，而高京澤的父親是高永玉，高永玉則是朝鮮王朝的下級文官。

姑且不管這個說法是否為真，韓國的左派政權為了要質疑右派勢力的正統性，到現在都還會討論挖開「親日派」墳墓的法案，還會沒收好幾代之前的財產。

此外，直到現在還會刻意表揚近代獨立鬥士的子孫，但這一切絕對不是源自正義感這種純粹的動機。

韓國民眾對於擁護「支持陣營的正統性」以及打壓「反對陣營的正統性」是不遺餘力的。儒教也非常重視「過去的正義與正統性」。

因此，深受儒教文化影響的韓國才會為了「撥亂反正」，一味地回溯過去，揪出當年幫助外來者統治韓國的人的後代子孫，沒收這些人的財產，或是為了幾十年前的政治行為設立當時沒有的法律，處罰當年的政治家。

簡單來說，在儒教道德的影響之下，韓國非常重視「從過去傳承至今的正統性」以及「糾正過去的錯誤」。

被譽為儒教國家的韓國對於「道德至高點」的堅持

長期觀察韓國的媒體會發現另一個特殊的說法，那就是「佔據道德至高點」。再沒有比韓國更常在媒體使用這種說法的國家了。我很常接觸各國的新聞，但只有韓國會使用「為了展現道德高於一切的態度……」這種說法。

比方說，在討論二〇一九年半導體零件輸出限制時，就會出現「韓國必須冷靜應對，展現道德高於一切的態度」的論點。

此外，當我想到「這種道德至高點的說法，很常在政治相關的新聞出現」時，剛好在首爾有些事情要談，而對方居然說：「這裡若是懂得以大局為重，自動退讓一步的話，你不就能佔得道德的至高點嗎？」」只是這種道德勒索真是令人不悅。

順帶一提，在二〇二二年至二〇二三年年初的韓國總統大選之中，各黨總統候選人也不斷強調「自己才是有道德的領導人」。

為什麼韓國人如此堅持「佔據道德的至高點」呢？

其實這與「在社會實踐道德」的儒教觀念，以及「憎惡他人之惡」的朱子思想息息相關。

韓國社會之所以不善妥協與容易分裂都是源自儒教？

此外，韓國儒教是個深不見底的世界，我無法完全理解，也不想曝露自己的無知。一來是因為儒教的門派相當分歧，有些是推動改革的儒教，有些則是跳脫哲學，自成宗教的儒教，「那些打從心底討厭儒教的韓國人」（卻不知不覺受到影響）其實很多。

雖然儒教的門派這麼多，但是若能了解在朝鮮王朝盛行的朱子學，以及因朱子學而興起的性理學，絕對有助於了解韓國傳統集團思考邏輯。

琴章泰的「韓國社會與儒教——韓國儒教的課題與特性」（東京大學 Korea Colloquiumv 二〇〇四年七月十四日）就提出下列的意見（以下為摘要）。

朝鮮王朝的朱子學具有追求正統性的特色，所以強烈希望定義所謂的正當性，藉此建立

統一的價值判斷標準，而且在產生對立時，沒有任何折衷與妥協的空間。

此外，這篇論文也提到朝鮮王朝有「過度強調正統，極力排除異端，難以適應現實，透過妥協與包容進行協調的機能衰退」的傾向，這個傾向也能充份套用在現代的韓國社會。

於十六世紀的朝鮮王朝活躍，並被譽為「東方孔子」的李滉（他也是一千韓圜上面的頭像）一手推廣了朱子學的理氣二元論（任何現象都可利用宇宙根本原理的理以及物質根源的氣說明的理論），而且他特別重視「理」的部分。

在理氣二元論的影響之下，篤信儒教的老一輩韓國人很常動不動就拿出所謂的原則，以「照理說，原本應該是……」這類說法批判別人。

為什麼韓國人對於「謝罪」那麼執著？

——將「錯誤的過去」導正為「應有的過去」才是「真誠的謝罪」

正因為韓國人如此重視原理原則與道德至高點，所以才會不願意妥協，也渴望得到明確的道歉。

比方說，再沒有比韓國更常發動大規模遊行，以及遊行群眾不斷大喊「反省！反省！謝罪！」的國家了。這不禁讓我在內心吐槽「這些人到底是多希望得到別人的道歉啊」。

順帶一提，若是去三星公司位於江南區的總公司，隨時都能看到寫著「三星必須負起各種道德責任，給我謝罪與補償！」的布條，或是高舉著自己的聯絡方式，不斷遊行的群眾，換言之，這種要求謝罪與補償的遊行不只針對日本，在韓國國內也非常常見。

比方說，二〇二二年年初舉行韓國總統選舉時，執政黨與在野黨的總統候選人都被爆出家族的醜聞，國民也不斷要求他們謝罪，所以這場選舉也被揶揄為「謝罪選舉」，而且候選人還互相叫囂「你才需要謝罪！」。

由此可知，不管對方是韓國人還是外國人，韓國人都會扣對方帽子，要求對方反省與謝罪，藉此佔據道德的至高點。

正因為如此，韓國人除了要求對方謝罪之外，還會鉅細靡遺地追究對方「針對什麼道歉與反省」。此外，韓國人要的是「真誠的謝罪」，所以就算對方真的謝罪，卻只是淪於表面的話，反而會惹怒韓國人。

說來丟臉，我想起在我小時候，某次為了不讓爸爸繼續罵我而假裝道歉，沒想到我爸爸居然繼續大罵：「你真的知道錯了嗎？給我說說看你為了什麼道歉！」

此外，結婚之後，我也常常被老婆要求道歉，如果只是隨口的「好啦好啦，對不起」，老婆也會追問：「你真的知道自己錯在哪裡嗎？」逼我說出謝罪的理由。

「查明真相」、「佔據道德至高點」及源自這兩點的「要求謝罪」。我不禁覺得這三點是激發韓國人的民族性，讓韓國人的大腦大量分泌多巴胺的「三大導火線」。

既往不咎的日本與溯及既往的韓國

韓國人不像日本人，不會讓「錯誤的過去」隨著流水消失。只有對方真心謝罪，自己佔得道德的至高點，「錯誤的過去」才會被修正為「正確的過去」。

韓國人會溯及既往與「清算積弊」。

在與韓國進行外交時，不管多麼想讓過去的錯誤放諸流水，韓國也一定會「查明真相」以及要求對方「徹底謝罪」。而且會要求對方說明是針對什麼事情或原因謝罪，所以若是含糊其詞，說不出「是由誰針對什麼事情或原因謝罪」，反而會激怒韓國人。

不過，真正的問題在於，韓國人對於自己或是自己人犯的錯「非常寬容大度」，總是採取睜一隻眼，閉一隻眼的態度。

不滅的靈魂永遠住在人間——儒教之國韓國的生死觀

一如前述，朝鮮半島的傳統深受儒教文化的影響，韓國人也非常堅持道德上正確，任何事物都追求「應有的樣貌」，所以總是溯及既往，想要「糾正過去的錯誤，讓歷史恢復應有的面貌」。

不過，為了避免大家誤解，容我再次強調，現在已有許多韓國人不再如此堅持所謂的「應有的面貌」。前面也提過，有許多人公開表示自己討厭儒教。不過，在政治這種較多年長者參與，透過民族的記憶或是自我認同形塑團體意志的場合，儒教文化的色彩依舊相同濃厚。

其實前面也提過，這種「死咬著過去不放的態度」或多或少也受到「祖先靈魂不滅」這種儒教生死觀的影響。就現況而言，韓國人仍習慣追究死者的責任。

比方說，不管是韓國連續劇還是日常生活，都很常出現「我一定會追究責任到底」這種台詞，現代的政治家也很常向對手叫罵「我會挖開你的墓墳鞭屍」。

韓國不像日本，沒有所謂的「武士對弱者的慈悲」，就算對方已經死亡，也要追究責任到底。在儒教的世界裡，有「人死後，靈魂長存於世」的概念。

而在儒教文化的薰陶之下，後代子孫也能繼承祖先的功德與罪過，所以韓國人認為「只要做了壞事，就得償清罪過」，子子孫孫都得替祖先贖罪。由此可知，這種追溯過去，徹底追究責任的儒教文化與「死後，每個人都會到天上去」的佛教思想，或是既往不咎的武士道精神是對立的，這也是日本與韓國如此格格不入的原因之一。

由於雙方在這部分的文化對立，所以當「要查明真相的國家」對上「讓錯誤付諸水流的國家」，韓國人當然會因為「為什麼不肯明確的道歉，怎麼能那麼簡單地就忘了過去的錯誤」而生氣，而日本人也會因為「到底要執著於過去到什麼時候啊！」而生氣。

過去的種種造就了「時此時刻的」狀態。

2 為什麼日本人總是讓過去付諸流水，一副不負責任的態度呢？

——死了罪就能得到赦免，榮登極樂世界？透過「切腹」重設一切的武士道與日本

許多韓國人都覺得為什麼日本人「平常很常說『對不起』或『不好意思』，為什麼卻不願意為了過去的錯誤負責與道歉呢？」

其實日本人常為了個人的一些瑣事或是「不管怎麼看，都不是什麼大錯的事情」立刻說對不起。不過，若是很重要的事情或是會對隸屬的集團造成影響的事情，日本人就習慣逃避責任，不會想要查明真相，分出是非黑白，傾向讓一切放諸流水。

日本人將追究死人的過錯，以及不惜扒糞也要追溯過去錯誤的這些事情視為禁忌。

剛好在我整理這頁的內容時，某位原本是模特兒出身的藝人突然聲稱，自己在十幾年前曾被演藝圈的大老當面要求陪睡，也批判了當時坐在旁邊的知名藝人，因此瞬間引爆了話題。不過，大部分的觀眾卻覺得「別拿那麼久以前的事情出來說嘴！」對於「重提往事這件事」表

示反感。

同一時間，韓國的社群媒體也因為藝人與體育選手被以前的同學爆料小時候的各種惡行而鬧得沸沸揚揚，甚至無法東山再起。

比起淪為觀念的道德，更重要的是軍事的現實

話說回來，只要是在對自己有好處的情況之下，日本人習慣「以和為貴」，不願意查明事實的真相，只想讓一切「放諸流水」，這與韓國可說是完全相反。

比方說，就算在江戶時代有一位很糟糕的將軍，後世的日本人也不會因為「這位將軍發佈了什麼奇怪的生類憐憫令就認為他不是將軍或是廢除他將軍的名份」。

明治維新之所以能夠成功，有一大部分原因在於當時還有地方諸侯與天皇的制度，所以政權輪替才得以實現，但是日本人懂得在時代變遷之後不再追究過往種種，適應現況，也是明治維新得以成功的原因之一。

此外，在太平洋戰爭爆發之後，日本人總是一邊透過「鬼畜米英」（混蛋的美國人與英國人）的口號累積仇恨值，一邊與美國、英國作戰，但是一宣佈戰敗，便立刻成為美國忠實的「夥伴」，之後也徹底奉行親美路線，從這點也可以看出日本人的確習慣讓過去成為過去。

天皇在宣佈無條件投降之後，民眾也跟著降伏。在日本從來沒對 GHQ 軍政發動類似義兵

鬥爭（於朝鮮王朝末期，在朝鮮全境針對日本發動的幾千次人民起義）的抗爭。

接下來除了介紹「既往不咎」這種日本人的民族性之外，也要介紹「好漢不吃眼前虧」、「牆頭草」、「成者為王、敗者為寇」這些民族性。說得好聽一點，這些都是屬於現實主義的民族性，說得難聽一點，日本就是不拘泥於過去的國家。

說到底，這都是因為從平安時代末期到鎌倉時代（尤其是在後鳥羽上皇因承久之亂而被發配隱岐，其嫡系也被罷黜之後）之後的七百年都是由武家統治天下，所以人們不再重視正義或道德，而是認為「反正到最後，也只能屈服於強大的勢力之下」，認為識時務者為俊傑的思想也深植人心。

韓國的儒教是從新羅時代開始，到了高麗時代之後又與佛教並存，而韓國在維持了一千多年儒教的影響之下，非常重視道德以及名義，但信奉武士道精神的日本卻不是如此。

日本特有的「負責方式」是什麼？

——「死後人人都可前往極樂世界」的生死觀

在日本人負責任的方式之中，藏著日本特殊的文化以及「切腹謝罪」的「責任觀」（這裡刻意不使用責任感這個字眼）。

這種責任觀就是「一死百了，不再追問過去」的概念，而這種概念也與日本特有的生死觀有關。

當我還是某間外資投資銀行的新人時，當時的小泉純一郎內閣總理大臣因為不斷地前往靖國神社參拜，而引來中國與韓國抨擊，但是同事卻跟我說：「為什麼韓國人要對日本的文化說三道四啊？死後每個人都能成佛是日本的文化啊！」明明我什麼都沒說，卻被罵了一頓。

仔細一想，日本人的確善待歷史上的人物。韓國的歷史有許多「那個國王很惡劣」這種傳承，但在日本的歷史之中，被視為壞人的人物相對較少。

崇尚「自行了斷」的日本

此外，日本的另一項特徵就是「莫名堅持自行決定人生最後一刻」的文化（比方說，在二次世界大戰的時候，其實有不少特攻隊員不願意上戰場，但表面上還是聲稱「自己是自願的」，實際上則是被迫自行了斷）。

像是公司打算開除員工時，明明就是開除，卻要求員工說成「是自己想要離職」。如果員工不照做的話，就會以「不服從公司的業務命令」為由被開除，所以實質上是強迫員工這麼做。明明是強迫性質，卻仍然要維持「都是員工自願辭職」的形式。

但其實韓國也一樣重視這種形式。之所以會如此，與難以開除員工的雇用制度有關。

有趣的是，當日本的政治家因為醜聞而被迫下台時，只要在被迫下台之前宣佈自行辭職，之後還是能以「勇於承擔責任」的名義東山再起。這感覺很像是明明一直以來的業績都很差，卻還能在離職時，得到眾人的鼓掌與鮮花，以及一句「感謝多年以來的貢獻」的慰問。

這與韓國總統的末路可說是截然不同。幾乎每一位韓國總統在卸任都被宣判超過壽命的刑期以及入獄服刑，有時候還會被迫自殺，不然就是家人被逮捕。此外，就算去世，還是有人會去前首爾市長等政治家的墳墓吐口水，這或許正是儒教國家特有的執著吧。

雖然日本也有口出狂言或是施政失敗的政治人物，但是前東京都知事絕對不會在死後還被追究責任。

地位越高，越需要自行了斷？

在日本的話，地位越高，越尊重所謂的自主性，哪怕只是淪為形式，也會予以尊重。

比方說，只要曾經升上大相撲的橫綱就絕對不會降格。雖然連戰連敗還是會被迫引退，但還是會宣稱一切是由當事人自行決定，尊重當事人的自主性，讓當事人自己說出「我決定引退」這句話。

身份越高的武士知道自己快要被殺的時候自行了斷，也被視為是一種榮譽。此外，敵人也會在準備殺死對手之前，讓對手有機會自行切腹，這也被認為是武士最後的慈悲。

直到現在，日本的政治家或是經營者犯了無可辯解的失敗時，也不會試著挽回錯誤以示負責，通常都只是立刻辭職而已。

有些人覺得「這種把爛攤子全丟給別人處理的態度也太不負責任了吧？」但這就是「切腹自殺，以示負責」的武士道精神。此外，「武士道」的定義非常多，所以也不能一概而論。不過，切腹也有「開腸剖肚，以表自身清白」的意思，而日本人也相當推崇這種不畏死亡的精神。另一點令人吃驚的是，日本人認為只要死了，就不會被追究責任，這或許與死後人人都能前往極樂世界的宗教觀有關。

或許正是在這種宗教觀的影響下，才讓政治領袖無論鬧出多大的醜聞，只要辭職就能擺脫猛烈的批判，也不需要被追究責任，就能默默地淡出大眾的視野。

明明平常很誠實的日本人，為什麼一失敗就會走邪門歪道？

——不允許失敗、扣分與切腹文化

正因為「負責任」＝「自殺」這種武士道的傳統太過極端，所以才養成規避失敗與責任的組織文化。

日本人以極度害怕失敗聞名，但這一切其實源自武士道的精神，也就是失敗就必須以死謝罪的歷史。

如果日本也有「在教會懺悔，就能洗清罪惡」這種西方的文化，或許失敗之後，只要公開謝罪與重新來過的文化就能在日本紮根。

其實傳統的日本企業也是秉持著扣分主義評估員工，無法容忍員工失敗，所以員工都很害怕失敗。

由於我是相撲迷，所以請容我再舉相撲的例子。如果立行司（在日本大相撲比賽之中，位階最高的裁判）誤判，不小心將軍配扇指向戰敗的力士，就得考慮自己的去留，也就是得宣佈引退。

仔細觀察立行司就會發現，立行司的腰間插著短刀，但這可不是在遇到萬一的時候，「用來刺殺大胖子橫綱」的武器，而是帶有「一旦誤判，就揮刀自殺，以死謝罪」的意思！

害怕失敗的心態讓日本人習慣隱匿事實

如果追溯「不願承認失敗的荒謬」與「自行了斷」的源頭，自然而然會發現這一切與武士道的切腹文化有關，因為對日本武士而言，失敗就等於死亡。

這種文化可說是與「只要認罪反省就能得到赦免」的基督教文化最明顯的差異，平日誠實度日的日本人之所以會在犯罪或是犯錯時，不斷地宣稱「我不記得了」，想要藉此逃避責任，或許也與切腹文化有關。

最近幾年，日本的財務省為了保護自己人而竄改公文，然後還宣稱「一切是部下自作主張」

的醜聞也被公諸於世，日本民眾也因此群起撻伐。

由此可知，在資訊不像現在這麼透明的戰時或戰前，又有多少證據被湮滅與竄改呢？

假設是失敗只會被彈一下額頭，不需要切腹或被開除的社會，應該會有更多人願意公開承認自己的失敗吧。

重視個人的自主性，意味著組織不需要負責任？

這種「規避失敗，隱匿事實」的結論就是「組織不需要負責任」，以及將「所有責任轉嫁至個人的自主性」。

明明就是強迫的，卻硬逼部下說「我是自願的」，然後再以「我們沒有強迫部下這麼做」的說法推卸責任，是日本政治家慣用的手法。

「我們也不樂見這種情況發生，但這一切都是員工自願的，沒有任何組織強迫員工的證據」，這種推卸責任的方法也很常見。

這種推卸責任的方法會在本書的最後一章繼續討論，還請各位讀者先放在心裡就好。

與日本互成對照組的就是認為祖先死後靈魂不滅，堅持溯本追源追究道德責任的儒教之國「韓國」。

現在當然很少人真的認為「祖先的靈魂不滅」，但這種長年烙印在民族記憶的思想，會不知不覺地影響思考模式。

或許是儒教文化的影響，現代的韓國仍然非常強調任何事物「應有的樣貌」，這與認為「過去已無法改善」，信奉現實主義的日本可說是互成對照。

當儒教之國與「既往不咎」的武士道之國互為鄰國時，當然會互相指責「為什麼你一直執著於過去？」「我才要問為什麼你那麼不負責任吧？」雙方也才會如此沒有交集吧。

3 為什麼韓國人對於日本的觀感得回溯到四百年前呢？

——從《看羊錄》一窺朝鮮對日本的歷史觀感

在日本人眼中，「韓國人是死纏爛打的民族」，而在韓國人眼中，「日本人是一下子就忘記過去的民族」，許多人都以為這種對立構造是於近代歷史形成，但其實可回溯至古代以來的集體記憶。

十六世紀末期，由豐臣秀吉發動的文祿慶長之役在日本稱為「朝鮮出兵」，而這場戰爭在朝鮮半島稱為「壬辰倭亂」，後來又被稱為「壬辰戰爭」，許多民間故事以及文學都描述了當時的慘狀，這段歷史也成為流傳後世的民族記憶。

這場壬辰戰爭其實是當時全世界規模最大的戰爭，對朝鮮陣營而言，無疑是晴天霹靂。一般認為，室町時代後半是日本的戰國時代，而這段戰國時代維持了一百年以上，致使日本分裂成一百個（一說認為兩百個）小領國，這些小領國也不斷地交戰，從大陸的角度來看，這是「小國的再分裂，然後爭奪彼此地盤，十足野蠻！」一切陷入混亂的狀態。

等到十六世紀末期，日本總算統一，成為全世界屈指可數的軍事大國，也因此進攻鄰國。綜觀世界史，內戰結束後，隨即向外擴張仍是常態。

不過，對朝鮮王朝來說，日本不過是「低級、野蠻與分裂成小領國的島國」，所以作夢也沒想到會被日本攻打。

這是因為在此之前，除了在海上流竄的倭寇之外，日本從未攻入朝鮮半島（後述的白村江之戰則是由百濟主導）。

在開戰之前，朝鮮拒絕接見推翻足利幕府的豐臣秀吉派來的使者，也拒絕派遣使節團回禮，甚至對日本送來的文書視若無睹。不過，在對馬的宗氏（順服朝鮮王朝，換得官職與白米的在地勢力）斡旋之下，睽違一百五十年之久派遣了特使前往日本，調查日本的情況。由於提倡增強國防的黃允吉被冷落，提倡不需過度警戒的金誠一與其派系受到重用，所以朝鮮不僅沒有加強防備，反而還解除武裝。這便是領袖與近臣愚昧，國家便隨之傾覆的典型，做出如此判斷的國王宣祖，以及終日忙著派系鬥爭的重臣都罪孽深重。

當時的日軍從釜山登陸之後，看到幾無防備的朝鮮軍還大吃一驚。由於沒有遭受反擊，日軍也如野火燎原般，一路攻城掠地。

順帶一提，在第二次出兵的慶長之役時，日本也分成兩派，一派是由小西行長主導的反戰派、和平派，一派是由曾經血洗朝鮮半島的加藤清正所帶領的主戰派，由於小西行長與加藤清正的不睦浮上檯面，小西行長派遣密使前往朝鮮，告知朝鮮王朝加藤清正的軍隊會從哪個地方登陸，以及於何時展開攻擊。不過，當時的朝鮮認為「這肯定是陷阱」而不予採信，結果給了加藤清正的軍隊屠殺百姓的機會，這段歷史也流傳至今（若採信朝鮮的《宣祖修正實錄》，確實也有小西行長之所以派遣密使是為了佈下陷阱的說法，但未得到證實。有興趣的讀者可參考於一九九四年出版的名著《秀吉　朝鮮之亂（上下卷）》（金聲翰著、光文社），就能根據當時日本陣營與朝鮮陣營的豐富資料，一窺當時的情況）。

當時的朝鮮王朝已經建國兩百多年，直到文祿之役爆發之前都是承平時期，所以每個人都在鑽研儒教、製作陶器與瓷器，或是專心編纂歌誦國王功德的詩集，完全感受不到任何軍事威脅。當時的朝鮮王朝可說是一片祥和、毫無軍事方面危機感的國家。

反觀當時的日本擁有一大群身經百戰的武將，而且還將接近總兵力一半的大軍（日本當時的總兵力約有三十萬，其中約有十五萬渡海攻打朝鮮。出處《朝鮮王朝實錄　修訂版》〔朴永圭著、Kinema旬報社出版〕）送往攻打朝鮮的戰場，而朝鮮這邊從開戰以來，就完全無法抵禦日本的入侵。

造訪京都「耳塚」與韓國的「晉州城」的親身感受

——將豐臣秀吉視為英雄的日本以及將論介奉為女英雄的韓國

在這場戰役之中，日本國內將豐臣秀吉與加藤清正視為英雄，朝鮮陣營則因為平民、女性與孩子被屠殺，將這場戰役視為歷史悲劇。

當時的日本有斬下敵人首級，帶回日本，以表戰功的習慣。不過，頭顱非常沉重，要從國外帶回日本不太容易，所以當時的日本士兵便將幾十萬名敵人的耳朵與鼻子削下來，然後用鹽巴醃漬再帶回日本。大家可知道，用於埋葬這些耳朵與鼻子的地方稱為耳塚，就位於祭祀秀吉的豐國神社（位於京都）旁邊。秀吉軍隊最惡名昭彰的戰役就是南原之戰。在這場戰役之中，秀吉的軍隊不僅濫殺男女老幼，連嬰兒也不放過。

我在寫這本書的時候，曾親自走訪一趟耳塚，想像妻子、小孩與家人被割下耳朵與鼻子的情景，以及日本武士細數鼻子數量的畫面，便不禁在擺滿花束的耳塚前面低頭默禱，祈求亡者安息。

令人不解的是，耳塚旁邊居然有一座祀奉秀吉的神社，而且還十分宏偉，這讓我感到無比的憤怒。當時跟隨秀吉軍隊一起出征的僧人慶念寫了一本《朝鮮日日記》，其中描述了秀吉軍隊到處掠奪財物、殺人放火的景象，慶念提到路邊堆滿無數屍體的畫面就像地獄一般地可怕，教人不忍卒睹。

此外，在文祿之役之中，有七萬多人在秀吉的嚴令之下被屠殺。直到現在，晉州城仍為了在第二次晉州城戰役喪命的人們舉辦嚴肅的追悼大會。我為了撰寫這段內容，在新冠疫情爆發之際特地趕赴晉州城，參觀晉州城的內部，而且這份原稿也是在晉州城之內撰寫。

「豐臣秀吉的侵略遠比被日本殖民時更加可惡」

接著要介紹「論介」這位被譽為韓國聖女貞德的女英雄。日本人或許不太熟悉這號歷史人物，但是在韓國，論介絕對是無人不知，無人不曉的英雄。豐臣秀吉的軍隊在晉州城戰役屠殺百姓之後，便召開了慶功宴，而在晉州城戰役失去丈夫的論介則被迫陪酒，服侍在場的武將。被迫陪酒的論介扮成妓生（藝妓）之後，趁隙緊緊抱住其中一名武將，再跳入南江之中（晉州城旁邊的大谷），與這名武將同歸於盡，當時的她才十九歲而已。她也因為這番英勇的行為被尊稱為「義妓論介」。

論介的故事之後慢慢流傳開來。在過了數十年以及一百多年之後，陸續有人為她建造祈堂，現在也是眾人稱頌的英雄。在這場壬辰戰爭喪命的人也在經過一百多年之後「追晉」，而那些為了國家犧牲生命的義人（正義之人）也備受推崇。

順帶一提，不知道是韓國的傳統所致，還是受到儒教的影響，連論介跳河之殺的岩石都被稱為神聖的「義岩（正義之岩）」。

直到現在，這位義妓論介仍受到晉州人民滿滿的尊敬。在我坐上計程車，準備從晉州前往父親墳墓所在之地的高靈郡的時候，我跟司機聊到「我第一次去了晉州城」，結果司機大哥便跟我說：「論介其實不是妓生，只是為了替丈夫報仇才假扮妓生。」接著又跟我聊了許多這方面的故事。當我將話題轉到「晉州人怎麼看日本？」司機大哥氣憤地說：「比起殖民時期，豐臣秀吉做了更多可惡的事情。」

學習日韓兩國的歷史之後，便會學到這場壬辰戰爭造成的歷史傷痕，而且學得越多，民族記憶就會不斷衍生，而這些過去的記憶也會在崇尚儒教文化的韓國代代相傳。

反觀日本卻讓這段「負面歷史」放諸流水，有些武將甚至還被奉為「軍神」。

比方說，直到現在，曾是加藤清正根據地的熊本縣都還會舉辦「滅敵祭」（暫譯，原文為ぼした祭り），據說這個祭典的名稱有「殲滅朝鮮」的意思。真是沒想到這段殺戮的歷史會被美化為祭典（可喜的是，這個名字總算在這幾年開始被檢討）。

被選為歷史英雄的標準是什麼？

——秀吉與普丁的共通之處

這種在別人國家殺人如麻、濫殺無辜的人是從什麼時候開始被奉為英雄的呢？根據歷史學者吳座勇一的說法，德川家在滅了豐臣一族之後，對秀吉大肆撻伐，而「朝鮮出兵失利這件事，也讓德川家有藉口美化篡奪政權的正當性」。

此外，在第一次世界大戰結束，全世界陷入反戰風潮之際，一九二一年七月三十日的朝日新聞晚報也在社論指出「日本政府在沒得到輿論的支持就出兵，而且還戰敗的例子，就是豐太閣（歷史學家為了與平安時代的太閣區分，常將豐臣秀吉直接稱為豐太閣）三征韓國與這次的西伯利亞出兵」，強烈抨擊當時的日本政府。

另一方面，讀賣新聞也在對外戰爭即將爆發的一九三九年開始連載《太閤記》，將秀吉捧為英雄。換句話說，秀吉的政策隨著時勢的不同而有兩極化的評價。

從韓國人的角度來看，秀吉比普丁更加濫殺無辜，秀吉才是世紀大惡人。

順帶一提，普丁與秀吉其實有許多共通之處。他們都是貧民階級出身，個頭也都很嬌小，也都因為絕對服從上司（秀吉的上司是信長，普丁的上司是葉爾欽）而飛黃騰達，此外，他們也都是很想表現自己的人，會拼命擴大自己的地盤，所以才會發動被所有人視為有勇無謀的戰爭。儘管因為補給被中斷而戰敗，但為了保住面子，便恣意屠殺平民，而且身邊沒有可以直諫的近臣（就算有，也聽不進人家的諫言），要求下屬對自己絕對服從，這些都是典型獨裁者的特徵。

不過一直以來，日本人都將秀吉奉為英雄。秀吉之所以能被一般人奉為英雄，在於他是個「出身卑微、個頭嬌小的男人」，卻能赤手空拳一統天下，但我認為真正的重點應該是在他一統天下之後，做了什麼事情。

其實秀吉之所以不顧眾人反對，也要侵略朝鮮半島的理由眾說紛云，一說認為是因為兒子鶴松夭折而失去理智，一說認為是為了重新啟動勘合貿易（註：當時的日本與明朝進行貿易時，需要使用勘合符這種貿易許可證，所以這種貿易活動又稱為勘合貿易），抑或如路易士．佛洛伊斯所記錄的，秀吉是為了減少反對勢力的兵力才發動戰爭。此外，秀吉的軍隊雖然一開始銳不可擋，但是在朝鮮這邊的義兵組成之後，制海權也被李舜臣拿下，明朝也跟著參戰，戰爭便陷入僵局，秀吉的軍隊也因為補給不及而出現許多餓死的士兵。

明明秀吉只擄走了一大群陶藝工匠，也沒立下任何值得一提的豐功偉業，但還是有一群盲目的「秀吉信徒」企圖顛倒黑白，把秀吉塑造成戰勝的英雄（這些人沒有比對島津家、明朝與朝鮮所記錄的資料，只相信網路上的文章或是維基百科上面的假內容）。此外，甚至有人認為秀吉之所以發動這場戰爭，是為了抵抗西班牙人的入侵，而擄走朝鮮陶藝工匠，是為了讓這些工匠擺脫奴隸的身份。

順帶一提，近代的日本人在看到這個秀吉侵略朝鮮半島的前例之後，或多或少認為侵略亞洲也不是什麼稀奇的事情，由此可知，秀吉對於日本的集體記憶以及歷史的確造成了深遠的影響。

學習歷史而產生的民族記憶

——於日本傳誦的英勇事蹟，以及在朝鮮流傳的暴行

雖然我現在對秀吉多有批判，但小時候聽到韓國人說李舜臣將軍成功擊退侵略朝鮮的豐臣秀吉時，我其實在心裡大喊：「這都多久以前的事情了啊，幹嘛還拿出來說！」而且小時候去算命的時候，渾身散發著神秘氣氛的占卜師大叔還稱讚我：「你跟豐臣秀吉擁有相同的星

星！」所以小時候的我不太討厭豐臣秀吉。

不過，當我實際造訪晉州城，親眼目睹當時被濫殺的平民是抱著怎麼樣的心情死去之後，那股「民族記憶」便如煮滾的熱水般，在腦海湧現。順帶一提，當我知道母親那邊的祖先為晉州人的時候，更是氣得義憤填膺。

反觀這場戰爭在日本這邊被塑造成完全不同的「民族記憶」。

之所以會如此，全是因為長年在鄰國為非作歹的統治階級回到日本之後，對於日本全國造成了全面的影響。

仔細想想便會發現，若是武家出身的日本人，祖先很有可能參與朝鮮出兵這場戰爭，所以日本人想到朝鮮半島的時候，可能會因為各種當年的「英勇事蹟」，而想到許多血腥的畫面。

此外，當時的日本為了攻打前述的晉州城而派出一大部分的兵力。一說認為，當時的日本人除了擄走了陶藝工匠、儒學者外，還擄走了幾萬名朝鮮人當戰俘或是奴隸。

順帶一提，有田燒、薩摩燒（瀏覽沈壽官窯的精美網站就會知道薩摩燒的歷史。此外，司馬遼太郎的《故鄉難忘》（暫譯，文春文庫）也詳細說明了這段歷史）、唐津燒、波佐見燒、萩燒這些知名的日本傳統陶瓷產業，其實都源自被各大名（日本的諸侯）擄至日本的朝鮮陶藝工匠。只要搜尋一下就會發現，其他還有許多日本的知名陶器都是在朝鮮出兵之後才出現的（因此這場戰爭甚至被稱為「陶瓷戰爭」）。

這種說法也可以用來說明日本人的起源。本書的後面會提到，日本人的祖先有相當的比例是來自朝鮮半島的朝鮮人，就像是源自朝鮮半島，後來融入日本文化的「有田燒」一樣。我本身也有收集陶瓷工藝品的習慣，而在前述的陶瓷器之中，的確有些散發著與朝鮮白磁或是高麗青磁類似的質感。

在前述的南原之戰被擄到日本的朝鮮王朝官僚姜沆也在《看羊錄》（東洋文庫）之中記錄了當時的日本樣貌。令人驚喜的是，這本書居然能在亞馬遜買得到，有興趣的讀者務必買來一讀。雖然這本書將「女真族」這些北方民族以及當時的日本形容成不知道德禮儀的蠻夷之國，看了會讓人有些嗤之以鼻，但是熱愛戰國歷史的讀者一定會讀得津津有味，尤其當時的日本對於大名的評論以及風俗習慣都相當有趣。此外，從那些對於秀吉侵略朝鮮的描述也能一窺韓國人對於近代日韓合併這件事有多麼憤怒。

為了撰寫本書，我參考了大量文獻，其中歷史最為悠久的文獻就是這本《看羊錄》，仔細想想，朝鮮王朝可是被日本侵略了兩次，所以書中會「充滿對日本的憎恨」也是其來有自吧。

對於豐臣秀吉的「歷史評價問題」

儘管如此，對於希望讓負面歷史留在過去的日本以往都將這場出兵朝鮮的戰爭稱為「豐臣秀吉假道入唐」或是「朝鮮征伐」，也有「加藤清正打虎」的美談流傳，直到第一次世界大戰之前他們都被視為英雄，直到現在仍得到許多人尊敬。甚至現在還有一小部分的人相信「古時候日本透過三韓征伐將朝鮮納為屬國，但朝鮮不願朝貢才再次出兵討伐」這種為了自圓其說的說法。

也有人站在秀吉的立場，幫秀吉找了下面這個藉口。「秀吉為了攻打明朝而向朝鮮借道，但朝鮮不願借道才制裁朝鮮」不過，若是聽到北韓的金正恩總書記說：「日本若是向我們進貢，我們就不攻擊日本。我們要轟炸美國，所以日本要讓開，還要幫忙帶路以及補給糧食，因為日本本來就是我們的祖先高句麗建立的國家」。日本人又作何感想呢？

此外，這種「三韓征伐」也是根據後續提到的《古事記》或《日本書紀》所捏造的神話，所以就學術研究的角度來看，根本只是一種文學創作。

細節可參考塚本明三重大學副教授（時任）的論文「神功皇后傳說與近世日本的朝鮮觀」或是塚口義信所著的《神功皇后傳說的研究》（一九八〇年、創元社），在網路也可以找相關的論文，有興趣的讀者可以參考看看。

不管是壬辰戰爭還是征韓論，朝鮮早已因為契丹、蒙古或是女真族的侵略而備感壓力，而且明朝或是清朝這些中原（中國華北平原一帶）王朝一衰退，就會被日本入侵，所以從過去的歷史脈絡來看，朝鮮當然對日本有所警戒。

不過，從日本的角度來看，西元七世紀，於白村江之戰敗給新羅與唐朝的集體記憶以及於當時創作的「古代神話」，都讓日本人找到合理化侵略朝鮮這段歷史的藉口。

4 日韓的關係若是回溯至古代，會發現什麼「真相」？

——快速回顧彌生時代、飛鳥時代、大化革新、白村江之戰、壬申之亂與古代神話的影響

接下來想討論「朝鮮征伐」與「三韓征伐」共通的征伐史觀，釐清這類史觀的來龍去脈。這部分的內容會有點專門，將帶著大家從中世紀出發，回溯至古代或彌生時代之前的時代，了解古代神話與戰爭形塑兩國集體記憶的過程，還有日本與朝鮮半島的文化與政治體系為何在中國的唐朝滅亡之後走上了不同的道路。

本節有許多古代史的內容，所以都是根據學術論文以及日本國內外的文獻所寫，並非我的親身體驗。

儘管我翻閱了多種語言的文獻，進行了全面的調查，但如果您覺得「這些內容不過是作者的調查結果，又不是作者的親身體驗，又什麼好讀的！」還請直接跳到下一節（p129）。

此外，我與研究學者都不可能曾經親眼見證古代的歷史，所以各位讀者若能在讀完本節內

容之後，試著搜尋正反兩面的意見，強化自己對這部分的認知，那將是作者的榮幸。

越深入分析DNA，越接近真相？日本人的起源在哪裡？

雖然這是在學術圈眾所周知的事情，不過日韓兩國的國民在文化與人種方面，的確有許多相近之處。

下列將以DNA研究相關的學術論文為主，「整理奠基於科學根據（與文學或宗教無關）的古代歷史」。

在更新世末期（三萬～一萬年前），日本列島的主要人種為中國大陸人種或南方人種。當時的日本列島原住民為繩文人，而這些繩文人與後續透過各種路線，從朝鮮半島與中國大陸來到日本列島的人們通婚，現代日本人這種「雙重構造模型」的人種便隨之出現。這種「雙重構造模型」的論點也廣為學術界接受*。

一般認為，這些來自朝鮮半島或是中國大陸的人們差不多是於西元前二千五百年、一千年或五百年的時候來到日本。在這漫長的過程之中，從朝鮮半島將鐵器與稻作技術引入日本的人們，與先前提到的繩文人通婚，也融入當地的文化，他們的後代便是彌生人。

* 出處：馬場悠男（國立科學博物館人類研究部、東京大學大學院理學系研究科生物科學專攻進化多樣性生物學）「與日本人起源有關的南西陸橋與人種移動」《第四紀研究》1998年37卷3號、P.259～266

所謂的彌生人指的是來自朝鮮半島的人與繩文人的後代，以及接受新文化的繩文人。

另一方面，學術界一致認為來自朝鮮半島的人未與愛努族及沖繩的民族積極通婚，所以北海道的愛努族才保留了繩文人的遺傳基因*。

此外，綜合研究大學院大學（神奈川縣）的團隊也於二〇二一年在日本人類遺傳學會編輯的國際專業雜誌電子版發表了研究結果。這份研究結果提到「我們分析了平均每人最多九十萬處的DNA變異之後，證明現代日本人是日本原住民繩文人與來自朝鮮的彌生人不斷混血之後的後代，也證實了先前的混血論」。

古代的倭國與伽耶、百濟之間的特殊關係

此外，於二〇一九年五月發表的某份研究報告指出，在透過全基因體定序（WGS）的方式解讀現代日本人的DNA之後，發現源自繩文人的基因最多不超過10%，間接證實現代的日本人是繩文人與西元前從朝鮮半島來到日本的彌生人的後代**。

除了上述的論點之外，其實還有其他的說法，例如不同人種來到日本列島與繩文人通婚之後，才出現了現代的日本人，但眾所周知的是，在彌生時代到飛鳥時代這段期間，有不少百濟人與高句麗人來到日本列島，於大和政權做出極大的貢獻（於這個時代來到日本列島的東亞人種被稱為古墳人，也有研究指出，古墳人的基因與現代日本人的基因最為接近）。

一九八四年，全斗煥總統第一次訪日時，昭和天皇曾在國宴提到朝鮮半島的國家在日本建國之際扮演了什麼角色，而這段發言可在網路上面找得到，有興趣的讀者可以參考看看。

此外，也有人提出「朝鮮半島本來是荒蕪人煙的地方，日本列島的人來到朝鮮半島，建立了百濟這個國家，之後又回到日本列島」的說法，但這種說法實在太過牽強。追根究柢來說，這豈不是意味著我們在非洲大陸的祖先，是以極為不自然的路線移動嗎？

其實在中國的文獻之中，朝鮮比日本早幾百年出現，百濟也被描述成位階高於日本的上國，同時還記載了百濟的文化傳入倭國的歷史。

總而言之，日本與朝鮮半島南部（尤其是伽耶與百濟一帶）的人民曾頻繁地於兩地往返，而且這段期間長達數百年之久。

「純種日本人」、「純種韓國人」與「純種中國人」都不存在

從上述的人類遷徙與交流的歷史來看，便可知道「純種日本人」不過是虛構的概念。

一如前述，大多數的日本人都是繩文人與朝鮮半島或是中國大陸的移民混血而成，而且各

＊ 出處：瀧川涉（東北大學大學院醫學系研究科人體構造學領域）「從四肢骨頭的量測特徵觀察東日本繩文人與北海道愛努族」《Anthropological Science》2005年113卷1號，P.43～61

＊＊出處：國立科學博物館發表，2019年5月13日

地區的混血程度也不一致*。

朝鮮半島的祖先當然不可能一開始就住在朝鮮半島，比方說，有些是來自北方的民族，有些則是從喜瑪拉雅山南方的路線經過東南亞，再從現代中國的東北移居朝鮮半島的人。

此外，韓國人的基因也有與中國人、蒙古人相似的部分。

順帶一提，在《Genome Biology and Evolution》刊載的論文「The Origin and Composition of Korean Ethnicity Analyzed by Ancient and Present-Day Genome Sequences」指出，這些混血的現象有可能在移居至朝鮮半島之前就已經發生。

這些研究都暗示「不管是哪個國家的人，都不可能源自單一人種」這個事實。

說到底，不管是中國人，還是蒙古人，都是從非洲出發，經過千山萬水，抵達中國與蒙古之後的人，與中國或蒙古的原住民通婚所生的後代。

換言之，「純種韓國人」也是一種想像，「純種中國人」、「純種蒙古人」當然也是如此（不過，許多民族都有憎惡或輕視自己的DNA或是部分起源的習性，這還真是不可理解的現象）。

飛鳥時代、大化革新、白村江之戰、壬申之亂的概觀

一如前述，在彌生時代到飛鳥時代這段期間，有不少人口從朝鮮半島流入日本列島，但當

時的日本與朝鮮半島的國家之間，又有哪些實質上的關係呢？

為了掌握當時日朝關係的輪廓，接下來要花三分鐘帶大家複習古代朝鮮半島的三個國家，以及這三個國家與日本之間的關係有何變化。

高句麗、百濟、新羅這三個於西元前建國的王朝為了爭奪朝鮮半島的霸權，彼此爭鬥了長達數百年之久，而這段期間也被稱為朝鮮三國時代。

一說認為，百濟是由創立高句麗的朱蒙之子所建，統治階層與高句麗的淵源極深。高句麗源自現代中國東北的扶餘。由於這支扶餘族遷徙至高句麗、百濟與倭國，所以這三個國家的語言有許多共通之處，這也是語言學界的常識之一。

其實韓文（以新羅語為母體，摻雜了高句麗讀音的語言）與日文的文法幾乎一致，漢字的拼音與讀音也非常相似。此外，中文的文獻或是媒體也常提到百濟與倭國的皇室通婚，彼此緊密結合的史實。

進入西元七世紀後半之後，新羅與唐朝的勢力不斷擴大，百濟、高句麗與倭國則採取與之抗衡的態勢。百濟與高句麗先向新羅步步進逼，新羅便向唐朝請求援軍，再與唐朝的軍隊一起聯手攻擊百濟，這就是當時彼此對峙的局勢。

在當時的大和政權手握大權的是渡來系氏族的蘇我族，與蘇我氏對抗的是唐朝以及中大

＊ 出處：針原伸二（東京大學大學院生物科學專攻人類學教室）「關於日本人起源的新考察——從遺傳與生態考察——」日本人類學會遺傳分科會平成22年度公開學術研究會，2010年118卷2號，P.115～118

兄皇子（後來的天智天皇），這位中大兄皇子採取了對抗新羅，親近百濟的政策。

順帶一提，天智天皇的父親舒明天皇下令建造了百濟大宮與百濟大寺，是實際住進百濟宮的天皇。這位中大兄皇子於西元六四五年發動「乙巳之變（大化革新的第一階段），並在這場軍事政變斬殺了蘇我入鹿、奪得政權。

之後，大和政權也持續推動與百濟交好的政策。

東亞歷史分水嶺的「白村江之戰」

——戰後，日本列島與朝鮮半島的關係驟變

西元六六〇年，百濟被新羅與唐朝所滅，西元六六三年，倭國則為了中興百濟而參戰，結果卻於白村江之戰大敗。

到了西元六六八年，高句麗也被新羅與唐朝的聯軍所滅。

有史以來，可曾見過比交好了幾百年，同時被渡來人（從朝鮮、中國移居至日本的人口）視為故土的國家突然滅亡更可怕的威脅嗎？這就像是美國人突然聽到「英國被滅國」一般的震驚。覺得「下一個被新羅或唐朝攻擊的就是自己」的大和政權除了一邊鞏固大宰府的防禦，一邊企圖與唐朝或新羅修復關係。

天智天皇死後的隔年，也就是西元六七二年，爆發了壬申之亂，這導致推動親百濟政策的

政治勢力式微，推行親新羅政策的天武天皇即位。

有興趣的讀者可搜尋「天武天皇 新羅」就會跳出一大堆有趣的資訊。

「神功皇后的三韓征伐」神話的誕生背景

——於白村江之戰形成的「憎恨新羅」的集體記憶

就算把這段政變的來龍去脈寫進史書，也無法鞏固政權的正統性，因此才需要添加一些神話，說得難聽一點，就是得捏造一些故事。

從這個時候開始的政權將國號變成「日本」，也將稱號從「大王」改成「天皇」，一步步提高自己的地位。於西元七一二年寫成的《古事記》以及於西元七二〇年寫成的《日本書紀》都記載了許多彰顯新朝權威的神話，許多政治不正確的歷史也都被竄改，其中也有不少強調天武天皇與後續政權正當性的故事。

在這兩本著作寫成之際，百濟與高句麗都已被新羅滅國，大量的流民也紛紛逃入日本，所以這些流民便決定「在新的國家一起生活下去」，同時也透過對「新羅的憎恨」，也就是想要打敗新羅的恨意團結彼此。

根據《古事記》的神功皇后三韓征伐的記載，第十四代天皇仲哀天皇的妻子神功皇后（從歷代天皇的平均年齡來算，大概是西元三世紀到四世紀的時候）坐船前往新羅時，是由魚群背著船身移動，一波波的海浪也將這艘船推向新羅，等到神功皇后一抵達新羅，新羅便立刻降伏……這畫面還真像是電影的某一幕。

比安德烈更魁梧、比金婆婆與銀婆婆更長壽的古代天皇

話說回來，根據《日本書紀》的記載，神功皇后的丈夫仲哀天皇是身高高達十尺，也就是三公尺的巨漢，這不僅比法國職業角選手巨人安德烈還魁梧，甚至比身高兩百七十二公分，創下金氏世界紀錄的羅伯特・潘興・瓦德羅（Robert Pershing Wadlow）還高出一個頭。為了方便韓國的讀者理解，這位天皇甚至比摔跤選手崔洪萬（최홍만）還要高大，這是不是光想像就讓人覺得很興奮呢？

我在閱讀於朝鮮王朝初期，由申叔舟編撰的《海東諸國紀》中讀到了這段敘述，震驚之餘查了一下來源，後來才發現這段敘述出自《日本書紀》。

此外，日本的古代史與其他國家的古代史一樣，都有神話與史實分界不明的問題。比方說，在第十五代應神天皇之前，有好幾位如同前述一般，身型巨大的天皇或是超過一百歲的天皇。

其他令人在意的部分還有《古事記》與《日本書紀》記載的古代天皇的年齡有出入這點，比方說，第十代的崇神天皇在《日本書紀》是活到一百二十歲，但在《古事記》卻是活到一百六十八歲。

根據《日本書紀》的記載，第十一代垂仁天皇活到一百四十歲，相形之下，「金婆婆與銀婆婆（姐妹倆以活超過一百歲而聞名）」的長壽紀錄遜色不少。

白村江之戰的結果對後續的日本與朝鮮半島的關係造成深遠的影響

這位神功皇后的設定是於臨產之際出兵，還利用石頭冷卻腹部，延緩胎兒出生。小孩出生之後，直到小孩即位之前，統治了國家長達七十年之久，最終活到了一百歲才辭世。

此外，在《日本書紀》之中的相關記載更加誇張，百濟與高句麗在聽聞新羅降伏之後，便驚慌失措地跟著投降。

前述的塚本明三重大學副教授（時任）的論文指出，神功皇后的神話在十三世紀的元日戰爭爆發之際，被改寫成神功皇后討伐高麗（於西元九一八年至一三九二年統治朝鮮半島的王朝）的事，一開始神功皇后應該是為了搶奪寶物才去新羅，後來卻被改寫成是為了制裁惡鬼之國的高麗。這些神話後來成為日本的「集體記憶」，也成為合理化十六世紀的壬辰戰爭與近代日韓合併的藉口。

歷史沒有「if」。

不過，百濟或高句麗的內部若未於白村江之戰爆發前後分裂，以及倭國與百濟的聯軍戰勝新羅與唐朝的話，《古事記》與《日本書紀》的內容，以及東北亞的歷史恐怕會完全改寫。

唐朝衰退後，背棄中華秩序，改由武士道統治的日本

接下來總算要進入日本與朝鮮半島各走各路的轉捩點。

唐朝在白村江之戰結束之後的兩百年之內一路衰敗，日本也於西元八百九十四年停派遣唐使，發展屬於自己的文化。

之後，日本的地方勢力也於平安時代末期形成實力不容小覷的武士階級。接著又因為保元之亂與平治之亂而擁有更強大的權力，等到鎌倉幕府成立，承久之亂爆發，武士階級便從天皇手中奪得權力。

漸漸地，武家政權便代替朝廷，行使所有的權力，權力也一分為二，一邊是「天皇」的象徵性權威，一邊則是武家政權握在手中的實權。換言之，武士成為君臨一切的統治階層。

若以現代的口吻來說，「武士政權」就是「軍事政權」。

這代表日本是東亞唯一「由分權式的軍事政權長年統治的國家」。

此外，日本雖然從遣隋使或遣唐使時代就不斷地吸收中國大陸的文化與制度，卻沒有採用宦官制度與科舉制度，這或許是日本的政治體系未能成為由朝廷掌握所有權力的中央集權制度，而是由各地武士掌握權力的一大遠因。

再者，日本在進入戰國時代之後，各地的權力就越來越強，進入江戶時代之後，也採用各藩治理領國的政治體系，或許正是因為這些過往的影響，現代的日本才會採行由下而上的合議

制，而不是由強而有力的中央政府由上而下推動政策的政治制度。

被納入中華秩序的朝鮮半島、由儒教統治的中央集權型國家

日本自從倭五王於西元五世紀向中國的南宋朝貢之後，便一直得到中國皇帝的冊封（中國皇帝授予爵位於周邊諸國的君主），到了室町時代便停止接受冊封。反觀朝鮮半島這邊則在唐朝滅亡之後，由高麗取代新羅，成為中央集權國家。

與日本不同的是，屢屢被征服中原的王朝侵略的高麗選擇接受從北方入侵中原的王朝之冊封，甘願進入被譽為「中華秩序」的體系，藉此謀求國內政局的穩定。

說來有趣，若是回顧中華民族的歷史，就會發現中華民族被蒙古或是滿族這類北方民族統治的歲月遠比想像中來得更長，然而中華民族的厲害之處在於當這個征服中原的王朝侵略其他國家之後，不知不覺就會被中國同化。

於高麗之後成立的朝鮮王朝採取崇儒排佛（崇尚儒教，排斥佛教的方針）的方針，透過儒教統治國家，統治力道甚至高於中國。

在儒教的各種學問之中，朝鮮王朝特別重視朱子學，而朱子學特別強調上下關係與身分制度，所以基本上是強化政權合理性的學問。或許也是因為這樣，朝鮮王朝才能延續那麼久。

朝鮮王朝沒有日本天皇這種象徵性權威，而是政治權力不斷世襲的國家。

比方說，朝鮮王朝是於中國的元朝進入明朝之際成立的。

當日本不斷地改朝換代，從室町時代進入戰國時代、江戶時代與明治維新時代，朝鮮半島一直都是由朝鮮王朝統治，直到距今一百多年之前才結束統治。

由此可知，在唐朝滅亡之後，大海與朝鮮半島成為中國與日本之間的緩衝地帶，這導致朝鮮半島與日本對於所謂的中華秩序有著不同的距離感，接受儒教的程度也完全不同。

這些差異也讓日韓兩國的文化出現歧異。具體來說，這些差異讓韓國成為不管遇到什麼事情，都要回溯過去，強調「應有的模樣」，透過儒教推行中央集權制度的國家；也讓日本成為追求實務，不執著於過去、政治實權與象徵性權威分離，奉行武士道與天皇制的國家。

5 比較兩國的國家象徵

——為什麼日本的紙鈔都是以「明治維新的有功之人」為頭像，韓國的紙鈔則都是「儒學家」呢？

承上所述，日韓兩國的文化差異多數來自日本的天皇制、武士道，以及朝鮮半島的儒教文化。接著讓我們試著比較這兩個國家的「國民象徵」，驗證上述這個假設。

從國歌的差異得出的結論

——君之代（日本）VS愛國歌（韓國）

一開始先從大家比較熟悉的日本國歌開始分析。

我皇御統傳千代、一直傳到八千代、直到小石變巨岩、直到岩上長青苔（君が代は　千代に八千代に　さざれ石の　いわおとなりて　苔のむすまで）

一如各位所知，日本國歌的歌名為「君之代」，歌詞的內容則希望天皇的治世能夠延續千代萬代（其實這是明治時代將這首和歌當成國歌使用的解釋，在古今和歌集之中，這首和歌的「君」是「你」的意思，但是到了現代之後，其實就是天皇的意思。儘管如此，於古今和歌集吟詠這首和歌的人，萬萬沒想到在千年之後，這首和歌會成為國歌吧）

反觀韓國的國歌就不像日本國歌「君之代」，沒有所謂的「象徵性存在」。

直到東海水枯，白頭山岩石朽爛，上天保佑我疆國！願我國家萬歲
華麗江山三千里，無窮花遍野盛開；大韓人誓死衛國，願韓國屹立萬代！

（동해 물과 백두산이 마르고 닳도록
하느님이 보우하사 우리나라 만세
무궁화 삼천리 화려강산
대한사람 대한으로 길이 보전하세）

或許這首歌是在擺脫殖民統治之後沒多久被定為國歌，也或許是因為這首歌的歌詞是在二十世紀初期，韓國瀕臨亡國所寫，所以才會出現「上天保佑我疆國！願我國家萬歲」這種歌詞。不過，若與日本國歌比較，就會發現歌裡的主角是「大韓人」，也就是國民，不是天皇這種象徵性的領袖。順帶一提，我個人認為南北韓若是有朝一日能夠統一，在

朝鮮半島最受歡迎的傳統民謠「阿里郎」應該被定為國歌，其中「我要那些背棄我的人們，走了十里路之後就腳痛」的歌詞也有追究責任到底的意思，這不禁讓人覺得這歌詞蘊藏著些許儒教特色。話說回來，如果將「나를 버리고」（背棄我的人們）改成「나라를 버리다」（捨棄國家），這首阿里郎瞬間就變成國歌了。

比較日韓的國花，又能得到什麼結論？

由於韓國國歌也提到了「無窮花＝木槿花」，所以我也順便比較了一下兩國的國花。櫻花與菊花是足以象徵日本的花種，尤其菊花更是眾所周知的天皇家的象徵。

反觀韓國的國花為木槿花，有一心一意、韌性十足的意思。木槿花是一種不管什麼時候，都會持續綻放的花朵，所以象徵著韓國國民不屈不撓的抵抗。

日本的國歌或是國花是以天皇為主，而韓國的英雄或女英雄會讓人想到無數名為了抵抗他國侵略而奮起作戰的「義兵」，所以兩國的國歌與國花也是彼此的對照組。

比較日韓紙鈔的結論

——以明治時代為傲的日本，以及讓名儒學者印在紙鈔上的韓國另一個想比較的標的物是表彰各國偉人的紙鈔。

就日本而言，不管是現行的紙鈔，還是準備於二〇二四年發行的新紙鈔，只要是印在高面額紙鈔上面的人物，都是明治維新時期的武士或是推動日本現代化的有功人士。

反觀韓國的紙鈔則沒有近代的人物。這或許是因為韓國人不想回憶那段近代化失敗，又被殖民的歷史吧。

印在一萬韓圜上面的是創造韓文文字，讓領土擴張至北方的世宗大王，至於印在五千韓圜與一千韓圜上面的是朝鮮王朝的兩大名儒（一千韓圜的是李滉（李退溪）。他的著作在江戶時代被譯成日文版，對日本的朱子學造成極大的影響）。

令人意外的是，後來推出的五萬韓圜居然採用了五千韓圜那位名儒學者的母親肖像。恐怕他們母子沒想到自己的臉會在五百年之後，印在全國流通的紙鈔上面吧（順帶一提，韓國國內也有人質疑紙鈔人物的挑選標準）。

換言之，日本最引以為傲的是對於近代化做出貢獻的歷史人物（目前一萬日圓上的福澤諭吉肖像畫與接棒的澀澤榮一都是日本近代化的功臣），而近代化失敗的韓國則因為找不到領導民眾的近代政治領袖，改以五百年前的名儒學者為主。

比較日韓兩國的象徵

——日本的象徵為「菊與刀」，那麼韓國的整體意象又是什麼呢？

在比較日韓兩國的象徵時，再次發現日本的象徵便是以「菊花」為家徽的天皇。美國文化人類學者露絲・潘乃德（Ruth Benedict）曾寫了《菊與刀》這本日本文化論名著。若是隨意持有「刀」，有可能會因為違反槍炮彈藥管制條例而被逮捕。

不過，日本人直到現在都認為，以「菊花」為象徵的天皇在國家認同之中，佔據了相當重要的地位。反觀現代的韓國或是朝鮮半島，就很難找到足以代表所有國民的象徵。這是因為每位國民都是國家的主體，國花（木槿花）是每位國民的象徵，而不是政治人物的象徵。

話說回來，韓國每次選舉時，都會有政治人物高喊「克服地區分裂的糾葛，實現國民整合大業……」，卻還是無法擺脫長久以來的地區對立，再加上保守派與革新派的對峙，以及越來越激烈的世代對立與性別對立，這也是韓國當前的政治實態。

若問韓國人，哪位歷史人物是保護韓國，讓韓國興盛的英雄，大部分的人都會回想到在四百多年前擊敗豐臣秀吉的李舜臣將軍，或是創造韓文文字的世宗大王（首爾的景福宮前面，替這兩位英雄立了大型銅像）。

不然就是回溯到一千多年以前，擊退契丹的高麗將軍姜邯贊（現代驅逐艦也以這位將軍命名），或是繼續回溯到一千四百多年以前，成功阻止隋朝入侵的高句麗將軍乙支文德，但不可否認的是，這兩位都讓人覺得是「古時候的人」。順帶一提，首爾之所以會有那麼多名為「乙支路」的道路，都是為了記念這位英雄。乙支在高句麗的語言之中有「兄長」之意。

在思考南北韓統一的問題時，這個「近代沒有足以代表全體國民的領導人」的問題恐怕會變得更加棘手。

這是因為，儒教文化向來視君子為人格頂點，而奉行儒教文化的韓國沒有足以稱為君子的人物，所以這個問題才會變得如此棘手。

在韓國很難找到公認的「國父」或「國母」，因為在韓國沒有越南的胡志明、中國的毛澤東、印度的尼赫魯或甘地這類地位崇高的人物。

由於找不到足以代表南北韓國民的人物，所以在摸索國家認同的時候，一定會反求傳統文化或是儒教的象徵，不然就是以「在日本入侵時，奮勇作戰」的英雄為國家象徵。

話說回來，既然在韓國尋找國家象徵時，一定會提到日本這個「朝鮮半島的宿敵」，那麼日本又能做些什麼呢？關於這個問題，本書將於後半部帶著大家抽絲剝繭，尋找答案。

日本的天皇家是全世界歷史最為悠久的皇室

——耙梳歷史，看到三次相關史實的感想

「天皇」一詞源自古代中國道教的神名，前面也提過，日本是於西元七世紀末期的天武天皇時代才開始使用天皇這個名稱，這也是目前最為有力的說法。

前面也提過，這段時期是政變之後的政權移交期，新的統治階級必須樹立新的權威。不知道是不是為了強調「我們皇室的歷史特別悠久！」《古事記》將第一代天皇神武天皇描述為在西元前七一一年出生，享壽達一三七歲的人物。

如果這個記載屬實，神武天皇比《魏志倭人傳》記載的卑彌呼還早出現一千年，因為卑彌呼是於西元三世紀存在的人物，又或者比西元五十七年，日本獲贈漢倭奴國王金印的時代還早七百年以上，不過，中國的史書當然沒有任何與神武天皇有關的記載。

假設神武天皇真的是於兩千七百年前誕生，那麼日本皇室就是從佛教、稻作技術、青銅器都還沒傳入的繩文時代延續至今，而且這些都是新石器時代的歷史，當時日本也還沒有文字，所以這個時代的歷史到底是怎麼記錄的呢？

順帶一提，韓國的檀君神話（西元前二千三百三十三年，貴為天孫的檀君開創古朝鮮，成為古朝鮮始祖的傳說）也有相同的問題。

雖然不管回溯哪個國家的歷史，都會發現任何國家都是移民之國，但為了宣稱「我們

才是始祖」，才會編造這類建國神話吧。

此外，絕大多數的人時而以自己的起源或是部分的 DNA 為榮，時而厭惡自己的血統，但這應該都是為了重新建立或是鞏固自我認同的鬥爭過程吧。

比方說，越是厭惡愛努族、朝鮮、中國的人，越傾向相信神武天皇這類神話，而不是相信與日本人起源有關的 DNA 鑑定結果。

為了守護神話而衍生的各種違心之論

儘管如此，就算與部分的評論家一樣高喊「神武天皇根本不存在！」到頭來與宣稱「宙斯不存在！」一樣無濟於事。

這個話題在戰前被視為禁忌，但現在只要搜尋網路，就能找到一堆學術方面的研究結果，在此就不予詳述。

不過我們也可以想成這個神話之所以能夠延續至今，全是因為日本的同儕壓力很強，讓日本人不願拆穿這個流傳至今的謊言。

明治維新時期與戰前軍國主義抬頭的日本政府曾經試著將古代神話轉換成史實，也曾經針對多位超長壽的天皇的故事，提出在過去常將一年算成兩歲的說法，而且也有許多守護各種主張的非公開資訊。

比方說，我很常看到「因為不存在的天皇的墳墓是地方勢族或是渡來人的墳墓，所以宮內廳不允許這些陵墓（天皇或皇族的墳墓）公開」的說法。話說回來，如果調查古墳的陪葬品，這些「冠冕堂皇的主張恐怕就有被拆穿的風險」吧。

不管回溯至哪個時代，歷史都十分悠久的天皇家

——現在的上皇陛下是第一百代的天皇？

就歷史學來說，從第十五代的應神天皇或是第二十一代的雄略天皇（西元五世紀後半）之後的天皇，都是實際存在的人物（不過目前仍眾說紛云）。所以若從第二十一代雄略天皇開始計算，日本的皇室大約延續了一千五百年之久，一直以來都被視為「全世界歷史最為悠久的皇室」。

日本皇室之所以能延續這麼久，與在平安時代末期或是鎌倉時代將政治實權讓給武士，轉型為象徵性權威有非常大的關係。

此外，由於《古事記》或《日本書紀》號稱第一代天皇——神武天皇是於西元前六百六十年即位，所以當天武天皇使用「天皇」這個稱呼，「天皇」便突然延續了長達一千三百年之久，出身鄉野的武士為了從天皇手中奪走實權，才將天皇塑造成令人畏懼的存在。此外，不管是在鎌倉幕府、室町幕府，還是近代的江戶幕府，官職都是由象徵性權

威的天皇任命。

進入明治維新時期之後，還特別上演了一齣將政權還給天皇的大秀，戰後也透過日本國憲法將天皇定位為象徵性的存在。

日本的改朝換代或是政權輪替不像其他國家是由民眾發動，而是透過律令制以及天皇的權威進行。

有時候會出現自稱「我是天皇陛下」的人，這些人的話有幾分可信呢？

在歷史迷之間，有個非常有名的討論，那就是第二十六代繼體天皇於西元六世紀前半即位之後，天皇的歷史是否就此中斷（前一代的武烈天皇沒有兒子，無人繼承法統，所以便讓某位疑似與兩百年前的應神天皇有血緣關係，但是來路不明的人物即位）。

如果這樣都不算是絕嗣的話，那麼比起現在將朝鮮王朝的後裔（朝鮮王朝末期的高宗的第五個兒子的第九王子的長男李源）尊為「大韓民國王」，繼體天皇與應神天皇之間的關係恐怕更為遙遠。

不過，若從萬世一系的概念來看，只要「最初的父親是神武天皇」的說法成立，這一切就說得過去。話說回來，神武天皇根本就不存在，而且若回溯現代皇室的根源，真的有辦法回溯到繼體天皇的時代嗎？

假設可以回溯到繼體天皇的時代，那麼現在的上皇陛下應該是值得記念的第一百代天皇，而不是從神武天皇起算的第一百二十五代天皇。

在討論繼體天皇之後的法統性的時候，通常會提到日本的皇室在室町時代的過渡時期分裂為南北朝這段歷史。當日本的南北朝皇室統一之後，便由北朝的皇室從南朝的後醍醐天皇手中繼承正統，而現在的日本皇室便是北朝的後代，這也是眾所周知的史實。

有些人認為，由北朝繼承正統之後，日本皇室應該就算絕後才對，但其實回溯日本南北朝皇室的血統，就會發現南北朝皇室都是後嵯峨天皇的後代，所以不能說是絕後。

不過，明明南北朝統一之後，是由北朝的天皇繼承法統，但是進入明治時代之後，新政府與皇室卻突然將南朝奉為正統，所以才有人認為日本皇室已失去正統性。

順帶一提，江戶時代末期有位與幕府親近的孝明天皇。一說認為，這位出身北朝的孝明天皇之所以三十五歲就「猝死」，其實是因為被長期對立的長州藩殺所致。話說回來，在明治天皇繼位之後，朝廷的敵人的確就從長州藩變成舊幕府軍，但至今無人知道箇中真相為何。此外，在第二次世界大戰結束後，曾有人自稱「我才是南朝天皇的皇任繼承人」，說自己才是真正的天皇陛下。

其實我在看到有人自稱「我才是天皇陛下」這個新聞時，我覺得這個人大概是喝酒喝到腦筋出問題了吧，但仔細調查之後才發現，這個人應該是以南朝為正統吧。

就算回溯到南北朝統一，三大神器移交北朝的一三九二年，距離現在也已經超過六百年之久。無獨有偶的是，朝鮮半島的高麗王朝也是在一三九二年的時候將政權交給朝鮮王朝。而在韓國的檀君神話之中，檀君從天帝手中接受了青銅劍、八珠鈴與青銅鏡這三大神器，這部分與日本的草薙劍、八尺瓊勾玉、八咫鏡極為相似。這或是代表東北亞的信仰系出同源吧。

或許是因為古代神話與史實的分界不明，再加上現代的日本人長期以來，都透過媒體塑造與天皇陛下共度同一個時代的集體記憶，才讓天皇陛下變得如此「神聖不可侵犯」吧。

天皇陛下與世界的聖人相提並論？

一如本章所述，天皇陛下在日本是相當特殊的存在。其實我小時候沒有特別覺得天皇陛下有多麼特別，但隨著我在日本社會長大之後，我便習慣日本天皇被奉為神明這件事，也開始感受到天皇陛下的特殊地位。

日本皇室最近的問題是駙馬小室圭，而英國皇室則常被小報報導一些小道消息，因而鬧得沸沸揚揚，不過令人意外的是，連皇太子都是比較容易被批判的對象。我在皇居附近散步時，曾看過大型廣告車一邊在街上進行，一邊痛罵當時還是皇太子的德仁天皇以及雅子太子妃，這也讓我大吃一驚。

不過，當他成為天皇陛下之後，即使天皇在戰後發表《人間宣言》（否定自身神性的宣言），仍被視為「神聖不可侵犯」的存在，也廣受日本民眾的尊敬與愛戴。

大部分介紹天皇的電視節目都會以古典音樂為背景音樂，而且常常痛罵首相的媒體或評論家，也不會批評天皇陛下。這與在伊斯蘭的世界裡，不會有人批判真神阿拉，或是在基督教的世界裡，不會有人批判基督是同樣的道理，天皇與阿拉、基督一樣，都是神聖不可侵犯的存在（敢批評的大概就是支持率下滑的韓國總統，或是想要火上澆油的韓國國會議長而已吧）。

其實我曾經巧遇在上智大學演講的羅馬教宗與隨行的人。圍在教宗身邊的群眾總是熱情地大喊「教宗！教宗！」而我在天皇身上看到的是同樣的「神聖的熱氣」。或許在沙烏地阿拉伯的麥加也是一樣的感覺吧。之前去西藏的時候，幾位比較要好的當地居民偷偷拿達賴喇嘛的照片給我看，若是追根究柢的話，這種現人神信仰說不定是從西藏傳入的概念。

泰國將上一任國王蒲美蓬奉為神聖的存在；中國的皇帝也會進行祭天大典，觀光客則會對著皇帝的龍椅雙手合十與祈禱；韓國也將「王」視為連接天地的存在（最上面的一橫為天，最下面的一橫為地，正中央那條縱線為連接天地的王）。由此可知，全世界的皇室都被視為神聖一族。

尤其前面也提過，日本的天皇家不管回溯至哪一代的天皇，歷史都非常悠久，所以更是備受國民愛戴。

被邀請參加一般參賀的感想

——備受日本人愛戴的上皇陛下

我曾親眼見過地位如此崇高的天皇陛下三次。正確來說，只是站在遠方匆匆一瞥而已，但是我曾在現在的上皇陛下還是天皇的平成時代參加了一般參賀（註：一般人可到皇居向天皇和皇后表達新年祝賀之禮的儀式）。

令我感到驚訝的是，現場有部分民眾陷入狂熱與亢奮的狀態。看到皇居宮殿前方的廣大庭院被高舉日本國旗的幾萬名民眾塞滿的畫面，真的非常震撼。裡面有一些是偏向右翼的激進份子，也有高喊「天皇陛下萬歲」的人，這些雖然都令我有些驚訝，也讓我再次感受到，天皇不愧是日本人的整體意象，更是日本人自身榮譽的泉源以及文化的象徵。

此外，我在一般參賀的場合第一次親眼見到天皇陛下的一週之後，在東京車站碰巧與準備離開東京的陛下一行人擦身而過，才剛想「原來天皇就住在附近啊」，一回頭就看到天皇向現場的民眾揮手，以及與民眾同樂的身影。

第三次親眼見到天皇是令和時代的今上天皇。說是在散步時偶然遇見也不對，因為我常常在早上的時候，去皇居附近散步，所以常常遇到訪日的外國官員。

比方說，我就曾在美國總統川普（時任）訪日時，在皇居看到美國總統座車「野獸」（The Beast）。因此我便在川普總統下榻的東京皇宮酒店等待他出門，沒想到今上天皇與雅子皇后居然為了歡送川普總統而親自來到東京皇宮酒店。

比起上皇陛下，今上天皇即位之後的時日尚淺，所以我個人覺得上皇陛下的「神聖光環」比較強烈，不過隨著履行職責的時間一久，應該也會漸漸地覺得今上天皇是一種神聖的存在才對。

天皇陛下的職責之一就是拜訪全世界的國家，不過最近似乎還沒拜訪過鄰國的朝鮮半島。據說這是因為「現在的社會氛圍還不適合拜訪朝鮮半島」。

如果天皇真的有機會拜訪韓國，我希望韓國這邊能尊重天皇在日本人心中的地位，盡可能地表達敬意，不要挾雜任何政治紛擾。

我也暗自期許天皇的訪韓能讓日韓兩國重回桓武天皇與百濟的關係，讓兩國那份自古以來密不可分的緣份能夠重新刻印在兩國人民的集體記憶之中，同時修復留在韓國民族記憶之中的傷口。

教養檢查表

①爲什麼筆者認爲韓國人執著於過去呢？請連同傳統文化的特徵一併說明。

關鍵字 儒教　回溯過去的正統性　查明真相　道德至高點　祖先不滅的靈魂

②爲什麼筆者認爲日本人不會爲了過去的錯誤感到自身有責任呢？請連同傳統文化的特徵一併說明。

關鍵字 武士道　現實主義　死後可上天國　尊重自主性的表面話

③爲什麼筆者認爲日韓的歷史問題可回溯到四百年前呢？請連同參考資料的名稱與內容一併討論。

關鍵字 《看羊錄》　耳塚　晉州城　論介

④筆者提到了韓國人與日本人的哪些共同起源與分歧點呢？日本統治階層看待朝鮮的方式受到哪些日本神話影響呢？

關鍵字 DNA鑑定　大化革新　白村江之戰　壬申之亂　神功皇后的三韓征伐　武士道與儒教

⑤筆者爲了討論日韓的文化象徵，比較了兩國國歌、國花與紙鈔。筆者是如何談論日韓兩國的文化象徵呢？

關鍵字「菊與刀」　木槿與儒教

「章末特別練習」

「爲了重設與鞏固自我認同而利用神話」是什麼意思？

此外，筆者認爲天皇訪韓會爲兩國的關係帶來何種契機呢？

前篇

日韓兩國的文化差異與日韓關係的變化

第三章

為什麼與鄰國產生紛爭是常態？

——日韓關係真的最糟糕？相信日韓、珍愛日韓的Z世代

泡菜與酸梅

從飲食、語言、偶像、經濟等面向

拆解日韓社會文化差異與

千年歷史糾葛

到目前為止討論了不少日韓兩國的差異，但是，就算了解兩國在人際關係與文化的差異，也不代表兩國的紛爭會就此平息。

倒不如說，日韓兩國還是會繼續吵吵鬧鬧吧。就算得犧牲經濟，內部的政局往往會決定外交政策的方向，這點也是古今中外皆然。

這裡的重點不在於強迫兩國握手言和，而是兩國必須了解「鄰國之間永遠都有解決不完的糾紛」這點，然後以永續發展的觀點控制對彼此的不滿或憤怒。

相較於其他鄰國對峙的例子，日韓兩國的對立還算小事？

雖然「日韓關係惡化」這個議題很常被拿出來討論，但是若放眼全世界來看，日韓之間的紛爭源自某種典型的理由與背景，所以若從其他的評估標準來看，絕非什麼嚴重的大事。

或許大家會覺得「這不是廢話嗎？」，但各種研究結果也指出，全世界大部分的戰爭都是於鄰國之間爆發*。

這些先行研究也指出，相較於國境未接壤的國家，鄰國之間爆發戰爭的機率要高出幾十倍，這與殺人命案大多發生於家人之間一樣，越是親近的人，越容易爆發激烈的糾紛。

比方說，日本眾議院選舉的時候，絕對不會出現「唯獨辛巴威不可饒恕」、「只有塞席爾群島不能忍讓」、「玻利維亞必須立刻道歉！」這類主張。

放眼全世界來看，比日韓兩國更嚴重的鄰國紛爭多的是。

某次我去黎巴嫩那一帶的時候，親眼目睹許多慘不忍睹的景象，比方說，當地有許多被以色列轟炸的痕跡，或是街上發生了大爆炸，以及敘利亞的難民比國民的人數多得多，或是整條道路都被難民擠得水洩不通等。這不禁讓人覺得，相較於這類鄰國對立的情況，日韓交惡實在算不上什麼大問題。

其實就日韓的現況而言，雙方不可能真的兵刃相見，而且再怎麼說，彼此也是彼此最大的貿易夥伴（除了因為新冠疫情而無法正常往來的時候），所以就算兩國在政治層面是「戰後以來最差」的狀況，從經濟、文化交流的層面來看，雙方當然還算是「摯友」。

變化極快，極端價值觀共存的現代韓國

由於日韓兩國如此接近，所以紛爭自然不少，但是讓日韓兩國政府進一步對立的是「韓國的變化實在太快，已經完全不是存在於日本政治家集體記憶之中的那個韓國」，這也是我們絕對不可忽略的部分。

＊ JA Vasquez, "Why do Neighbors Fight? Proximity, Interaction, or Territory", Journal of Peace Research, Vol.32,1995,pp.277—293

於二〇〇八年出版，由 T Youn-ja Shim 所著的《Changing Korea: Understanding Culture and Communication》就提到急速變化的現代韓國文化，以及包藏在這些文化之中的各種對立因素。

比方說，這本書提到了傳統儒教文化與現代美國資本主義文化，朴正熙政權推動的日式經濟、儒教道德的血緣主義、地緣主義、亞洲金融風暴，以及在經歷「亞洲金融風暴」危機之後順勢掘起的學歷至上主義，或是對傳統價值觀的批判，還有反對學歷至上主義與維護傳統價值觀的運動。

簡單來說，韓國絕對不是能以單一文化概括的國家。

這本書提到的韓國文化與各種對立的元素，也與我的親身感受一致。以為私底下還是遵行長幼有序那一套，但是工作職場卻是奉行美國資本主義的實力主義，年輕人也以飛快的速度昇遷。

明明過去是男尊女卑的文化，過了二十年之後，女士優先的文化卻在年輕人之間蔓延開來。前不久才與北韓吵得你死我活，沒想到下一個政權卻立刻與北韓進行首腦會談，然後再下一個政權又以「先發制人」的言論挑動北韓敏感的神經。

如此說來，我住在韓國的姨母前不久還是虔誠的佛教徒，沒想到幾年之後，居然成為虔誠的基督教徒。

這情況差不多就是之前一直說「再沒有比佛祖更值得感恩的對象了」，隔年卻突然告訴我「我改信耶穌基督囉」的感覺。

沒想到改變信仰的速度也適用於快快文化。

雖然我在心底大喊：「喂，這樣也太沒節操了吧？」但日韓兩國包容這類變化的態度的確不同，我也認為這些不同是解讀近年來日韓文化差異的關鍵之一。

與其說本章要探討日韓特有的問題，不如說是要探討引起這些問題的大環境，以及造成日韓關係生變的因素，藉此一覽兩國在過去的二十年產生了哪些「新的集體記憶」。

1 日本與韓國的經濟實力差距為何急速縮小？

——比「漢江奇蹟」規模更大的「江南Style奇蹟」

當我回顧至今四十餘年的人生，我發現日韓之間有一個極度明顯的變化，那就是所得水準的逆轉。

在我還小的時候，也就是一九七〇年代後期到一九八〇年代初期的這段時間，韓國雖然締造了「漢江奇蹟」，實現了高度經濟成長的壯舉，但是國家還是非常貧困，與日本可說是天壤之別。我的父親非常擔心我們這些在日本出生長大的小孩會被歧視，或是自尊心受傷。此外，不知道是不是為了讓我對母國留下好印象，每次去韓國都一定會花大錢住五星級的樂天飯店或是威斯汀朝鮮飯店，或是只帶我們去高級餐廳用餐。

這段經驗讓我打從心底相信，就算韓國不是世界第一大國，也是比日本更加富庶的大國。

到現在我清楚地記得在日本小學上的地理課。我在這個地理課學到韓國的面積遠遠小於日本之後而大受衝擊。

話說回來，當時還發生了一件現在回想起來會讓人會心一笑的事情。那就是在學校上課時，老師為了介紹朝鮮半島的民間故事，拿出了一張貧困農民的畫，當時的我覺得「韓國哪有那麼貧窮！」便向學校的老師抗議。想想，當時的我還真是可愛啊。

只不過，當我發現在韓國以五分之一的價錢買到跟日本一樣的口香糖，或是覺得自己的零用錢在韓國很好花，以及坐計程車很便宜之後，我才漸漸地明白「韓國很窮，日本才是經濟大國」這件事。

在我調查相關的數據之後，也驗證了我這個想法，在一九八〇年代當時，韓國的人均 GDP 為一千七百美元，日本則是九千六百美元，雙方的經濟實力整整差了五倍以上，我也總算明白這令人震驚的事實。順帶一提，在我還是大學生的時候，也就是二〇〇〇年左右，日韓的人均 GDP 仍有明顯差距。

日韓的平均所得在那之後的二十年內逆轉

不過，就如前述，在那之後的二十年內，韓國的人均 GDP 不斷往上翻躍，日本卻只是從三萬八千美元增加至四萬美元，發展曲線幾乎是躺平。

此外，高盛這類投資銀行早在很久以前就預測，韓國也會在名目人均 GDP 超越日本。

其實在二〇二二年的時候就已經知道，韓國早在幾年之前，就已經在購買力平價的人均

GDP 超越日本，平均所得也是韓國高於日本。

由於韓國的失業率遠遠高於日本，所以不能以平均所得比較兩國的經濟水準，但不可諱言的是，對大學生來說，與其選擇三菱公司，還不如選擇薪水更高的三星。

造成大企業所得水準逆轉的原因在於韓國企業在半導體、電子產品以及 IT 領域大有斬獲，但說得更直白一點，就是韓國的勞動生產力較高。

人均生產力與教育水準有關，而韓國的大學升學率以及教育費佔所得的比例，都是全世界第一。或許是因為韓國人的教育方針改變，不再學習只為了考取科舉卻對於經濟無益的儒教，而是開始學習具有生產力的數學、英語與電腦科學，所以人均生產力才大幅提升。

漸漸地，韓國人不再希望自己成為日語說得不流利的二等公民，而是希望自己能夠學好英文，在全世界大展身手。韓國人的托福成績完全甩開了日本人，在哈佛大學留學的韓國留學生也比日本留學生多三倍。

此外，一流的企業管理碩士除了可以進入企業管理顧問公司麥肯錫服務，還可以進入薪水更高的三星服務。我有許多來自不同國家的 MBA 同學就在畢業之後進入三星服務，三星企業也以日本企業絕對無法提供的待遇，積極地向全世界的人才招手。

反觀在我還在念 MBA 的時候，日本四大綜合商社之一的公司會來到法國舉辦校園徵材活動，但沒想到的是，這間公司居然是以日文進行說明，想當然爾，只有日本人會參加說明會，這也與前述的三星企業形成強烈的對比。

如今韓國超商的飲料已經賣得比日本超商的飲料更貴，而且就連原本很便宜的蔘雞湯或是韓式拌飯，也讓人覺得比日本的千元午餐來得更加划算。

在寫這本書的時候，我參考了不少文獻，從這些文獻發現，三十年前的舊書與現在的書售價幾乎一樣，甚至有些舊書還比現在的書更貴，可見日本的物價長期以來沒什麼波動。

此外，我有位香港朋友在二〇一〇年的時候，常常購買位於東京的公寓，但是到了二〇二〇年之後，首爾的不動產價格遠遠高於東京，所以有好幾位韓國朋友也開始購買東京的公寓。

二十年前的偶像依舊「活躍」的日本

即使在流行文化方面，兩國在過去二十年的發展軌跡也出現了顯著差異。

一九九〇年代，日本的偶像可說是席捲了亞洲的娛樂圈，但是在金大中政權成功培育了文化產業之後，現在換成韓國流行文化席捲全世界，韓國也成為全世界屈指可數的軟實力大國。

在我還住在香港的二〇〇〇年代後半，家電量販店的電視清一色都是K-POP偶像的歌曲。PSY、TWICE、BLACKPINK、BIGBANG、BTS這些藝人或是獲得奧斯卡金像獎的電影《寄生上流》都還讓人記憶猶新。二〇二一年在Netflix上線的《魷魚遊戲》也在全世界刮起旋風。韓國的偶像是以全世界為市場，而且每隔幾年，頂級偶像團體就會換過一輪。這與二十年來，主要的偶像都沒換人，四十幾歲的團體仍是頂級偶像的日本實在對比鮮明。

其實SMAP解散時，成員大部分都已經超過四十歲，而且接棒的TOKIO也都已經變成大叔，成員也陸續退團，能賣到外國市場的娛樂內容只剩下漫畫或是動畫。

由於日本的「娛樂進化速度」太慢，所以日本國內的K-POP受歡迎的程度也扶搖直上。比方說，在寫這本書的時候，某個很受歡迎的日本男性偶像團體就常常被說成抄襲韓國偶像團體。如果只看長相，真的覺得他們會突然說出韓文。

其實韓國風的日本偶像越來越多，由此可知，日韓兩國在流行文化這一塊的國際競爭力也產生了明顯的變化。

比「漢江奇蹟」規模更大的「江南Style奇蹟」？

在日本這「失落的三十年」之間，韓國除了締造了「漢江奇蹟」，還成功實現了「江南Style奇蹟」這個奠基於「全球化X數位時代」高度成長的成就，經濟也得以全球化。

在此要請大叔世代了解的是，那些被稱為Z世代的年輕世代，不覺得日韓之間的經濟有任何差距，這代表在他們心目中，日韓兩國沒有上下關係。

不同的世代對於「韓國」這個單字有著一連串不同的印象。

除了Z世代之外，就連現在剛出生的幼兒從一出生就是在「鯊魚家族」（碰碰狐版）或是「Titipo」這些韓式內容的包圍下長大。

當日韓的所得水準不斷拉近，甚至立場互換之後，有些向來瞧不起鄰國的泡沫經濟世代或是泡沫經濟瓦解世代的中高年齡層，因此而感到焦慮與反感。

反之，之前一直覺得「韓國不可能比日本富裕」的韓國人，在看到經濟規模遠小於中國的日本之後，以及看到日本還停留在早期的類比文化時，便開始覺得「咦？難不成日本比我們還落後？」，不少韓國年輕人在來到沒趕上數位化浪潮的日本之後，也覺得「日本還真是過時（Old School）」。

由於我很常於日韓兩國之間往返，所以我覺得日本多虧有 TOTO（希望 NEOREST AH、RH 能於全韓國的廁所普及），才得以在全世界的衛浴佔得絕對優勢，不然日韓兩國的基礎建設水準幾乎相等，數位化或是自動化的領域則是韓國領先。這種經濟力的此消彼長也讓一部分的世代在重新定義兩國關係的時候，心裡會出現一些疙瘩。

2 韓國為什麼會「不惜竄改規則也要取得勝利」？

——政權從未輪替的日本與實現兩大政黨制、總統直選的韓國

承上所述，日韓兩國的關係已隨著經濟大環境的改變而改變，但為什麼近年來，在日本會出現「韓國別老是竄改規則」這類批判與對立呢？

這是因為日本政權具有「延續性」，韓國的政權卻一直「搖擺不定」。

日本政治綿密的延續性

大家可知道，日本在第二次世界大戰之後，除了極短暫的時期，幾乎都是由自民黨執政。姑且不論自民黨的政策是好是壞，自民黨本身的確是一個懂得將權力一直握在手中的組織。日本從來沒發生過權力基礎與掌權者全部換掉的政權輪替。一切的權力轉移都是在確保自民黨統治這個大框架得以延續的前提下進行，往好的方面來說，政局得以因此穩定，說得難聽一點，就

是權力轉移是有限度的。

就算自民黨的政黨支持率因為在較為保守的右派與自由派互相傾軋之下而不斷下滑，各自樹立不同的招牌還是能在選舉獲勝。

此外，若是有不聽派系大老意見的候選人，只要有機會贏得自民黨黨主席，派系大老就會故意推舉多位用於干擾選情的候選人，將選情帶入投票給民調前兩名候選人的局面。換句話說，派系大老設下了多層防堵設施，確保自己成為控制所有候選人的造王者。

每次選舉的時候，從新聞看到八十幾歲的派系大老出來說：「下次就讓誰當首相好了」，難道不會覺得彈性疲乏嗎？

執掌政權的人也從來沒有換過。在二十年前小泉純一郎時代掌權的那批人，到了現在也還在掌權，所以日本在這二十年來，會沒什麼改變也就見怪不怪了對吧？

西元兩千年的時候，美國是由小布希執政，俄羅斯則是從葉爾欽交棒給普丁，韓國是金大中政權，中國則是江澤民的時代，若是看到上述這些國家現在的政局，真的會讓人有種恍如隔世的感覺。

在上述這些國家之中，只有日本讓當時的首相再次上台，而且在這二十年內下台的首相，也一直擔任財務大臣或是形同造王者的派系大老，換言之，永遠都是這些人在幕後掌權。

日本明明是個大國，但是在這過去的二十年內，卻一直由無法讓國民所得成長的政黨統治整個國家，這可說是非常詭異的現象。

這不禁讓人覺得，老是同一批老人掌權是導致日本在這變化快速的時代裡，無法提升生產力的主因之一。

即使已經距離明治維新一百五十年，日本仍無法擺脫薩長聯盟的影響？

在看了日本那些政治人物之後，不禁讓人懷疑，明治維新時代的薩長聯盟直到現在還存在。一直以來，首相、內閣要職或是派系大老都是由舊長州藩或是舊薩摩藩出身的人擔任。由於明治維新是由薩長聯盟的人一手推動，所以在大正時代出現政黨內閣之前，首相都是由長州藩或薩摩藩的人輪流擔任。

如果再往回推，由豐臣秀吉一手發動的壬辰戰爭也是由九州或是中國地區的武士擔任主力部隊。這一切或許是因為在明治維新時期，於長州藩創立松下村塾的吉田松陰提倡征韓論（不知道為什麼日本人很少談論這件事），影響了多位政治家所導致的。

雖然不知道這樣是好還是壞，近代日本的政治的確具有綿密的延續性。若從根本來看，日本到現在還能享受明治維新的紅利，或許是因為後續的政權具有延續性。

假設會津藩在戊辰戰爭打敗了長州藩、薩摩藩與土佐藩，改由會津藩的人擔任首相，或是會津藩的政權延續了一百五十年，明治維新相關的歷史評價以及評論肯定截然不同。

比方說，如果是由德川繼續掌權，日本就不會發動註定失敗的對外擴張戰爭，害得國內外數百萬條無辜的生命白白犧牲。

順帶一提，江戶時代是日本史上和平時間最久的時代，也是文化發展最為多元的時代，不過或許是因為過於強調德川家的正統性，會削弱明治維新的正統性，所以德川家治下的盛世才未能得到太高的評價。

我一直認為再沒有比德川家對日本的歷史與穩定做出如此貢獻的家族，不過，現在除了時代劇之外，幾乎都聽不到德川家的任何消息。

讓我們把話題拉回吧。要解決會津藩與長州藩之間的歷史糾葛與對立關係，潛在的方案之一就是韓國。因為韓國一直以來都與薩長聯盟的實力派議員在政治立場上對立，也一直針對福島縣的核汙染問題大放厥詞，所以應該能夠稱職地扮演會津藩與長州藩的「共同敵人」。

韓國政治的不連續性
——政權一輪替，執政者與政策就迅速轉向的韓國

相對於政權不斷延續的日本，韓國成功實現了東亞少見的兩大政黨制（有些韓國人認為兩大政黨專權也是一大隱憂，希望能夠籌組第三個政黨），但基本上，每五年就會政權輪替一次。

韓國領袖的篩選過程非常嚴格。比方說，總統候選人會長時間在國民面前接受檢視，所以

國民對於候選人的盡職調查（Due diligence）可說是遠比日本來得嚴格。

如果時常批評「韓國政治是四流」的安哲秀（韓國的政治家、企業家、醫師。主張除了兩大政黨之外，必須出現第三大政黨。不過，他卻在二〇二二年初總統大選投票日六天前，宣佈支持保守政黨的「國民力量」，也因此引起非議）聽到這裡，說不定會大罵「韓國政治哪裡健全了！」，但至少國民非常積極參與挑選領袖的過程。

韓國總統大選的投票率接近八成，二三十歲的年輕族群會左右選舉的結果，這點也與日本形成對照組。

此外，或許是因為日本人太過懂得忍耐，所以就算政策有些不適當，大部分的人似乎還是把票投給相同的政黨。相反的，或許是因為韓國人的個性比較急，所以常常改變立場，支持不同政黨的中間選民非常多，在選舉過程中，民調的起伏也非常劇烈，其精彩程度恐怕不下韓國的連續劇。雖然不知道這樣是好是壞，但韓國的政治的確是由民意推動的。

根據英國經濟週報《經濟學人》的經濟學人智庫 EIU 在二〇二三年二月十日發表的「二〇二二年民主主義指數」，韓國在全世界一百六十七個國家之中，民主主義指數排民第十六名，比日本的十七名高了一名。這意味著，日本的政治人物已經不能再以居高臨下的口吻說：「韓國的民主主義還不夠成熟」了。

這一切當然是韓國努力推動民主化的成果，但也不禁讓人覺得，政權是否實際輪替這點，與過去二十年內，日韓兩國的經濟成長出現差距息息相關。

韓國只要一政權輪替，政策就會大轉彎。

於六〇年代初期到八〇年代掌權的韓國獨裁政權就是一群「親日派」（這裡的親日派不是「喜歡日本」的意思，而是「在日本殖民時代，協助日本統治韓國的勢力」，是韓國政界愛用的稱呼。這種稱呼會引起現代的日本人誤會，所以最好改一下）的人。

當然也有人是抱著萬般不願意的心情，被迫「服務」殖民政權。

即使如此，在那些為了韓國獨立而戰的人眼中，這群親日派不過就是一群自私自利，不惜賣國也要協助殖民政權的人，對於親日派這群人居然能在戰後成為統治階層（親日派也覺得自己是統治階層）這點也非常憤怒。

不過，隨著時間流逝，那些因為投身於反親日派政權運動而被捕入獄的人已經握有政權。由於韓國曾經歷這段過去，所以對日外交政策會隨著政權輪替而改變，想想也是理所當然吧。

政權輪替就掃蕩反對勢力的韓國政治

此外，或許是因為儒教文化的影響，政治圈的內團體偏私特別嚴重，只要政權一輪替，就會徹底摧毀前政權的政績。就算政權輪替是在黨內發生，掌權者與政策的優先順序也會驟然改變（這只是與日本相比的結果，情況不像美國那麼明顯）。

雖然新上任的總統總是會宣佈「要團結國民」，但幾乎都只是口頭說說而已（除了金大中總統之外）。

幸運的是，我有機會與前駐日、駐英大使羅鍾一博士定期對談。感謝羅博士讓我有機會翻譯由他所著的《不幸的韓國總統》（在日本出版的時間未定），所以我才能在這部分擁有更加確實的資訊。

我的朋友或是親人也有死忠的左派與右派的支持者，所以我總是能切身地感受到兩邊陣營的心態。若問兩邊陣營有什麼共通之處，那就是他們根本不管政策的內容，只是一味地憎恨彼此而已。

因此，就算政策相同，如果是由自己支持的政黨提出就聲援，若是由對立政黨推出就反對到底。日本的統治階層從戰後到現在都是同一批人，但是韓國的統治階層與支持群眾卻是忽左忽右，而日韓政界的溝通管道又不太暢通，所以日韓兩國在政治上的對立將一步步走向失控的局面。假設日本的政權也是每五年輪替一次，首相也改成由國民直選的制度，而不是密室政治的話，日本的外交政策應該也會不斷地轉彎，無法一直延續下去吧。

3 「新聞自由指數」躍昇全亞洲第一的韓國

——光是政治家「握手言和」也無法修補的日韓關係

日韓兩國的對立之所以會愈演愈烈，與兩國媒體生態的變化息息相關。

一九六〇年，韓國李承晚政權倒台，隔年透過軍事政變登上總統大位的朴正熙一手催生了軍事獨裁政權，據說於此一年前黯然辭職下台的前首相岸信介曾提到：「就算韓國的國民反對兩國建交，但朴政權能壓制民意，所以現在正是恢復建交的機會。」

不過，如今的韓國不僅締造了民主化與兩大政黨化的奇蹟，連新聞自由指數也高居亞洲之冠（非政府組織的「無國界記者組織」於二〇二二年提出的資料）。

遺憾的是，日韓雖然都有民主黨，但日本的民主黨卻試圖限縮批評政府的言論自由，反觀現在的韓國已進入每個人都能透過社群媒體發表意見的時代，獨裁政權再也無法控制輿論。

換言之，就算日韓政府取得共識，也難以撫平國內各界反對建交的聲浪。

如果前首相岸信介還在世的話，看到韓國的民主化程度以及媒體的蓬勃發展，說不定會覺得「在這個條件下恐怕很難恢復邦交，還是以後再說吧」。

批判韓國就會自動團結的日本

日本主流媒體的「煽風點火」也助長與強化了日本人的反韓情緒。日本媒體討厭日本起內訌，所以常報導一些無關痛癢的小事，例如「超市賣的小竹筴魚夾雜些許的小河豚」、「猴子於東京都中心出沒」、「山豬闖入校園」、「池子驚見鱷龜」這類事件，看電視的人越來越少也是事實。

所以部分日本媒體為了拉高收視率而加強批判韓國的力道。若是在二十幾年前，右派政治家、學者以及相關的贊助者，也就是「網路右翼」都是在地下文化或是次文化的環境下批判韓國。到了現在，變成由日本電視台積極報導韓國藝人、財閥、政治家的醜聞，以及韓國總統候選人的一言一行。

反觀韓國似乎是因為經濟變得富裕了，所以也不太關心與日本有關的報導。比方說，二〇二二年韓國總統大選電視辯論會也很少討論有關日本的話題。就算日本舉行了黨魁選舉或是地方選舉，韓國媒體也只是稍微報導一下而已。

如果韓國人知道日本常常報導韓國的政治現況，應該會驚訝地覺得「日本的媒體什麼時候變成韓國的跟蹤狂了呢？」

話說回來，當時的執政黨總統候選人李在明（在此介紹一個有趣的冷知識。某次我在讀《韓國、它的民族與文化》（學園社）這本於一九六六年發行的雜誌的時候，發現執政黨總統候選人李在明與刺殺韓國最知名的賣國賊的刺客同名同姓，心想，李在明的父母應該是知道這件事才替小孩取這個名字吧）剛說「我們要超越日本」，就立刻被日本媒體斷章取義，當成標題使用，這也讓我有點哭笑不得。

其實韓國大多數的選民都不太關心日本發生什麼事情，而是比較在乎國內的不動產價格不斷飆漲，或是總統候選人的夫人們又發生哪些醜聞。

韓國越來越不「反日」，日本越來越「討厭韓國」

此外，韓國在體育賽事這一塊，也不太在乎日本的情況，就算在足球比賽輸給日本，也不像以前那麼在意。

雖然韓國在二〇二一年的東京奧運棒球賽輸給日本的時候，還是有一小部分的人氣憤地大罵：「這真是有失國格！」，但大部分的韓國人都不斷地安慰選手：「你們很努力了，有沒有奪牌沒關係。」兩派人的反應可說是完全相反。

不過，到現在還是有一些世代因為兩國過去的糾葛而敵視日本，所以還是有些人很在乎日韓孰強孰弱。比方說：「美國總統拜登與韓國總統會談的時間是否比跟日本首相會談的時間還久」、「在疫情爆發之後，中國收到了日韓兩國支援的口罩，但中國是先跟日本道謝，還是先跟韓國道謝？」、「在全世界都市排名之中，首爾的排名是高於東京還是低於東京？」只不過這類韓國人的比例越來越低。

特別是年輕的韓國人越來越不在乎日本。這應該是因為各世代的韓國人對於日本的印象各有不同吧。

再加上韓國的書店也不像日本的書店，堆滿一堆「反日」的書籍，甚至出現一大堆反日的暢銷書。或許是因為在日本發行的「反韓書籍」都是相同的內容，所以現在偶爾可以在日本書局看到整本大書特書韓國與中國壞話的新書。或許是因為日本的反韓市場有著相當的規模，所以光是說韓國的壞事就得以生存了。

反觀韓國就沒有那麼多罵日本的書籍，這類書籍也賣得不好。

更何況日本的政治人物只要罵一罵韓國就能騙到選票，有些藝人也仿效政治人物，搭上「批判韓國的順風車」。

此外，有些日本媒體則像是發了狂一般，不斷地搜尋那些由小部分韓國人所寫，日本人讀了會很不爽的評論。

每次看到這些政治人物、藝人或是媒體的所做所為，都不禁讓人覺得，這些人是不是覺得這世上的災禍都是韓國引發的，不管是發生地震、水災，還是打雷或是隕石撞地球，韓國都得負起責任。

批判日本也無法團結的韓國

接著要說的是，讓情況變得更加混亂的是韓國不再因為「反日」而團結。

事到如今，就算在韓國批判日本，連保守派也會大罵：「別想藉著批判日本而逃避內政失敗的錯誤！」

前駐韓大使武藤正敏的著作《徬徨的韓國人》（WAC出版）也提到「比起過去，反日這個咒語在韓國已經沒有什麼效果」，雖然我向來不太贊同武藤先生的主張，但對於這個論點卻是深表贊同。

其實韓國的高中生偶爾會因為老師批判日本而向老師抗議，某些年輕的韓國Youtuber也在移居日本之後撻伐韓國，然後在日本大受歡迎。有不少韓國人在韓國的時候也會批判韓國，而這些人通常能得到日本人的熱烈歡迎，所以便藉此高舉「反韓大旗」以獲取高流量。

此外，那些被視為「保守派」的韓國評論家也常批評韓國，而這些人的言論也會立刻被譯成日文，當作日本國內批判韓國的內容使用。

「反日」熱潮在韓國漸漸退燒的背景是？

反日熱潮退燒的原因之一在於「搜出協助日本殖民政權的逆賊再加以處罰」的方針被視為對保守派的政治壓迫，越來越多韓國人對這種方針抱持冷淡的態度。

反觀「親日派」則透過李榮薰編著的《反日種族主義》（文藝春秋）反過來指責韓國的左派政權太過分，完全不告訴國民事實與真相。這本書也提到「韓國若想成為真正的先進國家，就不能把所有的事情都怪在日本頭上，然後完全不思反省」這種開大門走大路的主張。

不過，這本書基本上是基於「討厭左派政權」的政治動機所寫，書中有許多枝微末節，未經整理的論點與偏見。且是由多位作者所寫，而這些作者的論點有許多矛盾之處，但或許是因為書名太過聳動，所以在反自由派的保守派之間廣為流傳。

就某種意義來說，韓國社會之所以不再因為批判日本而團結，得歸功於前總統文在寅。再加上韓國的媒體越來越自由，國內的左派與右派越來越對立，要控制輿論也越來越難。

假設沒有網路或是社群媒體，或者網路與社群媒體都斷線，政府可以將黑手伸入媒體，那麼政治家喜歡的「密室政治」或許便能長長久久。

不過現今每個人都能自由地發表意見，哪怕是謊言還是謠言也無妨，網路社群也成為民眾抒發對於政治的不滿與怒火的管道，所以過去那種「搓圓仔湯」的政治交易或是「密室政治」也已不復存在。

4 在排外主義不斷於全世界蔓延之際，日韓關係又有哪些變化？

——政治離心力與市場向心力的互相傾軋

當日韓兩國之間的經濟關係、政治關係與媒體關係不斷改變，兩國的關係也越來越不穩定。此外，當貧富差距越來越大，社會越來越不穩定，排外主義也會跟著堀起。

在這種時候選擇在選舉前不斷地批判其他國家，藉此呼籲選票把票投給自己，可說是民主主義國家的結構性問題。接下來讓我們比較全世界的狀況與日韓之間的關係。

在投票之前批判鄰國是全世界都有的景象？

美國的川普政權為了逃避新冠疫情防堵不力的弊端，將新冠疫情爆發的問題全怪在中國頭上，不斷地煽動「反中」的情緒，甚至打算在美國與墨西哥之間築起高牆，就連英國在選舉前也對法國炮火全開。

某次我為了參加巴基斯坦的朋友的結婚典禮而朝拉哈爾與卡奇拉出發時，剛好印度正準備要選舉，位於印度與巴基斯坦邊界的森林居然被轟炸，嚇出我一身冷汗。

我發現，許多國家的保守黨都會在選舉的時候，將排外主義當成「脫離常態的最後武器」使用。

比方說，一九七九年之後的英國、法國與德國就常在選舉時舉辦排外主義運動，由此可知，各國保守勢力都常使用這種手法*。

「社會越來越動盪」與「缺乏交流」助長排外主義滋生

尤其當景氣陷入低迷，為景氣低迷所苦的人民就會選擇攻擊容易攻擊的弱勢族群或是移民，而不是選擇攻擊讓經濟陷入不振的政界大老或是霸權國家，這也是常有的現象**。

比方說，日本的經濟因為泡沫經濟崩壞停滯不前，社會也因三一一大地震而陷入不安，所以那些排外的言論或是糾正歷史錯誤的運動也逐漸浮上檯面。

此外，只要在二〇〇〇年至二〇一〇年這段期間，持續表現出對韓國強硬的態度，網路右派就會認為這個人是「下任首相的人選」，這個人在網路右派心目中的排名也會扶搖直上（尤其是那些缺乏政治經驗與知識，猶如攬客熊貓的議員更是會為了討好支持者與黨派大老而突然批判鄰國，這些議員也都被戲稱為跟隨〇〇大老的小孩）。

東京都中心的仇恨言論也是在這段時間越來越偏激。

這個現象在泡沫經濟瓦解與雷曼兄弟事件之後越演越烈，也絕對與日本國內的貧富差距越拉越大，以及社會越來越動盪有關。

「日本排外意識相關研究與今後發展」（日本の排外意識に関する研究動向と今後の展開可能性，永吉希久子、二〇一六、東北大學文學研究科研究年報66）這篇論文介紹了不少有關日本國內反中、反韓、反在日韓國人的相關文獻。

這篇論文也提出經濟動盪假說與集體威脅假說，說明經濟不穩定與無法面對多元文化衝擊是造成排外主義興起的主因；以及媒體影響假說的議題設定效果（登上媒體的負面標題可影響對立團體的集體印象）與涵化理論（cultivation theory，讓閱聽人擁有與媒體訊息相近的世界觀）導致排外主義高漲的主張。

此外，「一般化集團接觸假說」也指出「與特定的外部集團成員接觸不僅可增強對該外部集團的包容性，當事人對於該外部集團的包容性也將全面提升」（金、二〇一五）。

＊ Dietrich Thränhardt,The Political Uses of Xenophobia in England,France and Germany,1995

＊＊ Jayati Ghosh, "Fear of Foreigners:Recession and Racism in Europe",Race/Ethnicity: Multidisciplinary Global Contexts,Vol.4,No.2,Reworking Race and Labor,Winter2011,pp.183—190

一時間得到改善的日本仇恨言論

——年輕族群得以透過動畫與社群媒體頻繁進行文化交流

可喜的是現在（二〇二二年的時候），日本那些偏激的排外行為比以前收斂不少。

究其原因，日本因貧富差距而造成的社會不安原本就不那麼明顯。不管是健保還是失業補助，日本的社會福利都比美國健全許多。

一說認為，這是進駐軍在戰後佔領日本時，推行了於母國無法推行的分配政策，而這些較為先進的分配政策也比其他國家的分配政策更加健全。

此外，在東京奧運的前夕，大部分的日本人也覺得「在這時候提這些仇恨言論實在不太妥當」。再加上，日本全國上下都忙著對抗新冠疫情，沒有多餘的心力批判韓國。那些發表仇恨言論的場子絕對是「三密」（密閉、密集、密切接觸）的空間，所以若繼續在新大久保發表仇恨言論，台下的聽眾有可能會因為群體感染而送醫。

除了上述因素之外，現在已是 4G、5G 的時代，許多年輕人也不再花時間看電視或是在網路寫一些匿名的留言，而是更常使用 Instagram、TikTok、YouTube 這類露臉的個人媒體，這也是仇恨言論收斂的原因之一。

此外，當年輕人長期曝露在 BTS、BLACKPINK、《愛的迫降》、《寄生上流》、《魷魚遊戲》、《地獄公使》這些魅力十足的內容之下，那些對於韓國的偏見就更難散布（話說回來，韓劇還挺危險的，偶爾在Netflix看個一集，就會不小心追完全部的集數，還請各位多多小心）。

在新冠疫情爆發之前，每年都有幾百萬名韓國人去日本旅行，許多韓國人也覺得「日本真的是很親切的國家啊」，這種印象也深植韓國人的心中。

有一小部分的韓國人雖然聽過秀吉侵略韓國的歷史，也在近代史的課程學過日本侵略韓國的歷史，但是當他們實際去了日本，親身體驗日本的和平氣氛之後，歷史與親身體驗之間的落差讓這些韓國人覺得「那麼親切的日本人怎麼可能做那些壞事，韓國一定在說謊！」這些人無法區分過去與現在，只看到明天與後天，有些甚至在移居日本之後，開始批判韓國。

基本上，「日韓之間的關係還是會隨著政權輪替而不斷變化」

姑且不論剛剛這些極端的例子，日韓關係就像是一場拔河比賽，市場的向心力與政治的離心力正在彼此拉扯，日韓兩國也陷入關係忽遠忽近的漩渦之中。

二〇二二年年底，李在明對日本大使說：「日韓關係就像流動的水，只要政權輪替，雙方的關係就會改變」這個說法也登上了媒體版面。

就現況而言，雙方不可能一直交惡，也不可能永遠和睦相處，雙方的關係就像是不斷擺動的鐘擺。日本的反韓熱潮也將如時尚一般，時而流行，時而退燒吧。

雖然有時候還是會像職業摔角選手噴幹話一樣，透過批評鄰國鞏固選舉票倉，或是發現支持率下滑就加強反韓或反日的火力，但為了避免言論過於偏激或是事態失控，日韓兩國還是應該建立不同面向的關係，藉此控管風險。

為了避免政治對立引爆民族主義，日韓兩國應該促進各種面向的民間交流，而這些交流也將成為「兩國關係的自動穩定裝置（built-in stabilizer）」。

5 為什麼每個國家都不說「抱歉」呢？

——從全球實例發現的共通之處

與鄰國之間的關係若是產生變化與不穩定，也會改變對彼此的歷史認知。

雖然韓國在面對這些歷史問題時，總覺得「再沒有像日本這樣不懂反省的國家了」，但與其說韓國忍氣吞聲，不如說是暫且擱置不理。

此外，有不少日本人相信「再沒有比韓國這樣死咬著過去不放的國家了」。

其實每個國家與鄰國之間都有這類歷史認知的問題，而且「大部分的國家都不會告訴國民要反省過去的歷史」，現實就是如此的冷酷。

比方說，英國曾在殖民地印度屠殺當地百姓，也試著湮滅證據。不過，當那些來不及湮滅的少數相關證據曝光之後，英國便不得不為了屠殺百姓這件事道歉，但是卻從來不曾對於「在印度建立殖民政權」提過隻字片語。

此外，幾乎沒有國家為了買賣奴隸或是建立殖民政權向非洲國家道歉。

其實我曾經以「傳說中，頗受歡迎的韓國人」的這個身份，擔任TBS熱門節目《這裡很奇怪耶，日本人》（ここがヘンだよ日本人）的來賓。

在當時非常受歡迎的佐瑪洪（Zomahoun Idossou Rufin，故鄉為非洲的貝南共和國）就在節目上大聲疾呼：「歐洲曾在非洲中國大陸進行了幾百年的奴隸買賣與殖民統治，卻從來不曾道歉！」

這件事到現在我都記憶猶新。若問有沒有最近的例子，大概會提到普丁政權在烏克蘭虐殺百姓這件事，但俄羅斯也以NATO不斷地向東邊擴張勢力，以及「美國侵略伊拉克」為由拒絕道歉，所以俄羅斯與烏克蘭恐怕會因為彼此的歷史問題而繼續糾纏不清。

接下來就讓我們一起思考，為什麼大部分的國家都不會為了歷史問題道歉的理由吧。

馬克斯・韋伯的說明

——歷史是為活著的人的利益所編輯

被譽為現代社會學之祖的馬克斯・韋伯曾說：「歷史是特定的個人或團體根據其價值觀與觀點，從過去無限的素材之中，有意或無意地篩選而出的事實集合體。」換句話說，歷史不是由客觀的史實堆疊而成，而是會隨著特定的個人或團體對於「歷史的解讀方式」而改變*。

這篇論文也指出「歷史會隨著活著的人的利益或是感興趣的事物而編撰，而在討論歷史認知時，現在的事實遠比過去的史實更加重要」。換言之，歷史教育往往為了合理化當下的權力集團以及政策所服務，也充滿了許多違心之論。

比方說，日本的歷史教育與靖國神社參拜、憲法第九條、天皇的戰爭責任、過去的清算問題以及亞洲政策相關，常常都會發展成情感的對立。

此外，有鑑於日本與中國或北朝鮮之間的地緣政治風險越來越高，日本政府當然不會積極地告訴民眾那些對不起這兩個國家的歷史。

另一方面，日本的歷史教育也有許多現實面的考量，比方說，執政黨的支持者為日本會議這些右派的組織票，而這些右派無法容忍這類歷史認知。

歷史教育與「集體認同」息息相關

——希望自己的祖先是好人乃是人之常情

另一個重要的理由就是，歷史會左右所謂的「集體認同」。

我在撰寫本章內容時，剛好有機會與組織行動論名校利物浦大學的羅伊・蘇達比教授

＊ Kimura Kan, “Why Are the Issues of ‘Historical Persceptions’ between Japan and South Korea Persisting?” ,Journal of International Cooperation Studies,Vol.19,No.1,2011

（Roy Suddaby）會談。

蘇達比教授是研究制度派理論與正當性的知名學者，也是長年擔任經營學頂級學術期刊《Academy of Management》編輯委員的世界知名人物。

這位蘇達比教授曾對我說：「個人犯錯的話會道歉，但組織犯錯的話，就會變得沒辦法道歉。」、「以家族企業為例，企業的歷史是共享的自我認同，也會左右每位成員的行動。」

當我回應：「這就像是日本政府與韓國政府因為歷史問題而彼此敵視的情況。」蘇達比教授又說：「若是研究國家層級的『集體認同』與歷史問題，這個理論應該能夠得到更多不同層面的結論。如果有參考文獻的話，還請寄給我。」

除此之外，九州大學教育學部教授愛德華・維克斯（Edward Vickers）在二〇〇五年的論文《Introduction:History,Nationalism and the Politics of Memory》指出「選擇哪些過去，又選擇哪些方法說明這些過去，將對國民的自我認同造成巨大的影響。（中略）對立的政黨採取極端不同的立場，將使國內政局與外交陷入動盪」。

在討論歷史時，免不了牽扯政治權力、既得利益者的正當性、自己的價值觀或是自我認同。正如個人價值觀源自個人體驗，國家或是社會的普世價值觀也會隨著集體的體驗、記憶或是歷史認知而改變。所以整個國家的歷史認知很容易流於情緒，事實與邏輯也常在情感與政治理念面前屈服。

消弭認知失調的反應

——不管是哪個國家，否定「加害他國的歷史」的模式都非常相似

與「集體認同」有關的「內團體偏私」會為了否定或遺忘那些「不利於團體的歷史」而進一步強化。

信仰與理論不會因為那些與集體認同相牴觸的「偏差事件（以社會學來說，就是違反理論的事件）」而修正，偏差事件反而會被扭曲，然後被當成「沒發生過的事情」。

這種傾向在集體無謬性（Infallibility）特別強烈、習慣「文過飾非」，讓錯誤放諸流水的日本社會特別顯著。

這就是所謂的「消除認知失調的反應」。

比方說，有些評論家為了否定南京大屠殺，就不斷地挑剔南京大屠殺的照片，一會說：「照片裡的被害人穿的不是百姓的衣服，所以這些被害人是軍人喬裝的。」；一會說：「這些照片是偽造的。」硬是要否認這些照片的真實性。

不過，任何國家在否認那些負面歷史的時候，都很常使用這種典型的狡辯伎倆，例如普丁在烏克蘭進行的屠殺就是其中一例，在此也希望大家特別注意這種狡辯的伎倆。

比方說，我去巴爾幹半島的時候，去了追悼波士尼亞戰爭犧牲者的國立波士尼亞與赫塞哥維納博物館，看到戰爭之際，許多平民被屠殺的照片。

當我準備搭乘計程車從波士尼亞前往塞爾維亞的時候，剛好司機是塞爾維亞人，我便問了問他對這些有關屠殺的展示品有何感想。

結果原本心情像太陽的司機大哥便突然大發雷霆，氣得臉紅脖子粗直說：「那些犧牲者的照片都是偽造的，照片裡的那些受害人都是軍人喬裝的。」

沒想到這位塞爾維亞人的司機大哥所使用的藉口，與「否定南京大屠殺那群人」或是普丁政權一模一樣。

為了維護塞爾維亞人的名譽，我要在此事先聲明，塞爾維亞人在當時不斷地被媒體抹黑，所以有部分的媒體也針對當時的國際報導反省，不過，這不代表那些屠殺行為不曾發生過。

「負面歷史認知」的共通性

——「人性本就如此啊」

聽到那些否定南京大屠殺的評論家的邏輯，我的確非常憤怒，可是又突然覺得人性本就如此啊，也因此明白「大部分的人都有不想承認負面歷史的軟弱之處」，心境也跟著昇華。

當我去土耳其旅行的時候，也問了當地的朋友，對於第一次世界大戰亞美尼亞人被屠殺的事件有什麼看法，這位朋友告訴我：「我個人覺得很遺憾，但不敢在別人面前說。」其實土耳其政府到現在還是公開表示：「沒有亞美尼亞人被屠殺這件事。」

其實除了亞美尼亞人被屠殺這個例子之外，許多地方都曾發生過慘無人道的屠殺惡行。不過，加害者為了鞏固「國家認同」以及消弭認知失調，會想要否定或忽視那些「負面歷史」，這是人之常情，也是世間常態。

所以我們必須了解，若只以單邊的語言或是單方面的說詞理解鄰國之間的糾紛，恐怕難以掌握全貌。遺憾的是，書店裡堆滿了那些只從自己國家的觀點或是資訊來源討論歷史問題的書籍，這些書籍讀得越多，只會讓視野變得更加狹隘。

這些書籍的內容或許可當成續攤時的話題，但在學術價值或是國際公信力的部分卻是「永遠的〇」（註：由百田尚樹所寫的日本小說，後來被翻拍成電影。但這部電影卻被宮崎駿質疑為捏造戰爭神話的作品）。

日韓關係真的陷入空前惡劣的地步？

——那些搞政治的老頭雖然對立，Z世代卻紫愛你的日韓關係

本章介紹了日韓關係的變化以及常見於鄰國之間的對立關係。

不過，長期以來在政治針鋒相對的日韓兩國，如今還是「戰後最為冰冷」的關係嗎？其實只要換個觀點就會發現，日韓之間的交流可說是前所未有的活絡。就算連同古代都算進來，日韓之間的交流絕對是空前熱絡。比方說，彌生時代的倭國大約有四十萬人口，而當時有不少人口從朝鮮半島流入倭國，但當時的人口很少，所以從現在的基準來看，絕對是現代的交流比較熱絡。

此外，在江戶時代的時候，朝鮮會派遣朝鮮通信使訪日，但頂多就是在新將軍上任的時候來訪，所以差不多是數十年才訪日一次。再者，從歷史來看，日本訪韓也僅限於釜山一帶。反觀現代可是幾百萬、幾千萬名日韓年輕人透過社群媒體直接交流的時代，這意味著「肩負日韓兩國未來的年輕族群已拋開政治對立與歷史背景，透過社群媒體頻繁地交流」，所以我們也可以說，日韓兩國的關係進入空前熱絡的狀態。

比起古代的渡來人與朝鮮通信使，

阿米（BTS粉絲）與令和的女高中生更厲害？

——日韓交流其實已進入空前熱絡的境界

在此要請大家先注意與日韓政治絕緣的日本新集團，因為他們可說是徹底擺脫政治對立，擔起兩國交流重責大任的一群人。

對於帶動韓流的女性來說，一想到韓國，就想到韓劇、旅行與美容保養，對現在的女高中生來說，則是 K-POP 明星、化妝品與 TikTok 上面的舞蹈影片。當這群人可以透過 YouTube、Instagram、TikTok 直接接觸彼此的流行文化，而且還是免費的，就能跳過電視、報紙、雜誌這些傳統媒體的編輯，隨時接觸彼此第一手的影片。

這些女性通常對歷史沒什麼興趣，也無心理會兩國之間的糾葛，反過來說，她們也是一群擺脫「集體記憶」的自由人。這也意味著她們的想法不會因為政治對立或是來路不明的歷史評論家而改變。

她們不是透過歷史問題或是集體記憶認識彼此的國家，而是透過「美麗」、「美味」、「快樂」這些「個人記憶」認識韓國。換言之，她們就是一群嘴巴塞滿韓國起司煎餅，對 BTS、TWICE、IVE 陷入瘋狂的人。

應該減少日韓議員聯盟的預算，將多出來的預算撥給促進日韓女高中生交流的活動？

這群人不會因為兩國政府的關係陷入冰點就受到影響。所以她們才能忽略過去的糾葛，實現兩國的政治家、歷史學者、公民運動家耗費幾十年心力都無法達成的「跨越海峽的友好關係」。

我知道，有些人會說，這不過是把紛爭暫且放在一旁而已，這種友好關係非常淺薄。不過，比起那些帶有偏見、從旁煽動仇恨的人來說，想必大家都知道哪邊比較有建設性吧？

正因為這個新世代展開了彼此關心的交流，日本與韓國才會出現紫愛你這個族群（本書的開頭也曾介紹過這個詞彙。這是 BTS 成員V創造的新詞彙，有「互相信任，長長久久地相愛」的意思），紫色海洋也取代了那片隔開日韓的藍色海洋。

在Z世代的年輕人身上，應該可以看到以東德為研究對象的效果*，也就是「當國民長期曝露在他國媒體之下，就很難煽動國民排斥該國的心態，國民也會更容易接納該國的文化」這種效果。

我越來越希望砍掉尸位素餐的日韓議員聯盟的所有預算，將原本的預算用在促進兩國的阿米或是女高中生的交流活動。

在意日韓兩國根源的混血兒越來越多

我們也不能忽略Z世代的在日韓國人，因為他們將是這片紫色海洋的主角。

第四代、第五代在日韓國人通常都是在日韓國人與日本人的小孩。所以這些小孩當然會是在日韓國人與日本人所生的日韓混血兒。我的外甥或是比較年輕的親戚幾乎都是日韓混血兒，也都有兩國的姓氏，不然就是公開表示混血兒的身份。

近年來，越來越多藝人表明自己是在日韓國人或是日韓混血兒，這或許是因為韓國開始給人一種先進國家的印象了吧。

當韓國還很貧困的時候，大部分的日本人都看不起曾是殖民地的韓國。就像職業摔角選手力道山、塚公平、新井將敬、家鋪隆仁這些知名的在日韓國人很害怕在日本被歧視一般，整個日本籠罩著一股源自殖民政策的歧視氛圍。

不過近年來，日本國內居然出現「日韓合併之後的韓國人其實與日本人平起平坐，而且過著幸福的生活，甚至協助韓國人與日本人彼此融合」這種騙死人不償命的言論。如果

* Lars Hornuf et al., "Can Television Reduce Xenophobia?The Case of East Germany",CESifo Working Papers,No.6632,2020,6 Pages

這番言論屬實，那麼力道山就不需要為了促進日韓兩國正常交流而偷偷訪韓。

此外，本名為金信洛的力道山也能以跆拳道對付職業摔角選手的夏普兄弟或是巴西波波，而不是只能使用手刀應戰了。

在日韓之間催生紫愛你族群的先人

如果對當時的在日韓國人受到哪些不合理的對待有興趣，請務必搜尋「身世打鈴（韓語的身世或境遇之意）」這部由新屋英子主演，集數超過二千集的在日韓國人奶奶的生活日記。

也希望有興趣的讀者能夠一讀李方子（於梨本宮家出生，因政治聯姻被迫嫁給大韓帝國最後一位皇太子李垠，但婚後與李垠相處融洽，也於韓國為了發展遲緩兒的教育盡心盡力。一九八九年於首爾長眠時，韓國國民請求政府讓她以準國葬的方式下葬，以表示對她的敬意）所寫的《歲月啊王朝啊——朝鮮末代王妃的自傳》（暫譯，歳月よ王朝よ——最後の朝鮮王妃自伝，三省堂）

此外，李方子所著的《流離的王妃》（暫譯，流れのままに，啟佑社）也描述了她因為公公高宗被日本毒殺，以及兒子「晉」被朝鮮毒殺而陷入悲傷深淵的這段過去，同時還說明了她對朝鮮王室被迫接受日本的血統，被日本政府強迫移居日本、做日本人的政策有多麼憤怒，以及為了撫平這一切而將自己的人生獻給韓國的發展遲緩兒教育事業，整本書的字字句句都蘊藏著崇高的理想。

此外，這本書也提到她對高宗的女兒，也就是小姑德惠翁主（自幼被帶去日本，被迫成為「日鮮融合」的象徵而結婚，最後罹患了精神疾病）的關愛。雖然這本書已出版四十幾年，至今仍然日韓兩國讀者務必一讀的名著。

在此提個插曲。我在寫這本書的時候，曾去李秀賢記念碑悼念這位在新大久保站，為了拯救不小心跌落月台的乘客而喪命的韓國留學生。

真正值得紀念的是那些為了促進日韓和平而貢獻生命的人，他們才足以成為兩國關係的象徵，而不是那些在網路上匿名誹謗中傷他人的人，也不是那些只懂得怒罵對方，行將就木的評論家。

我想跟各位在韓國成為富裕的先進國家，日本對於在日韓國人已不再歧視的Z世代在日韓國人說下面這番話。

「各位真的在美好的時代出生。只有「互學互愛」兩國文化（這是自稱BTS中年阿米本部長的我所創造的詞彙，有『互相學習，互相關愛』的意思），同時在自己的社群做出貢獻，才能成為串起兩國友誼的橋樑。」

過去曾有一小部分的在日韓國人為了被日本社會接納，故意貶低朝鮮半島，或是因為太過憤世嫉俗，而將軍國主義的日本與和平的日本混為一談，但這些都不是什麼好事。

又滑稽又悲慘的是，在不知道父母親已經變更了國籍的情況下成為歧視的一方，而這種貌似喜劇的悲劇其實也經常上演。

不是百分百的日本人或是韓國人也完全沒問題

真正重要的是，為了讓日後越來越多的Z世代「日韓混血兒」在兩國關係做出貢獻，就必須尊重日韓混血兒這獨特的自我認同。

用不著我多嘴，這些Z世代日韓混血就肯定早就知道下面這些事情，但是我還是希望這些Z世代不要再因為「自己不管去日本還是韓國，都被當成外國人」而感到難過，而是要肯定自己，覺得「自己能創造特有的價值是件好事啊，在日韓兩國都很吃香啊！」

其實早在第二章的時候就提過，只要回溯到遠古時代，所有人都是來自不同途徑的混血兒。如果日本人與在日韓國人相處的時候，不要再覺得「只要在日本出生、說日文，就跟日本人一樣」而是要能夠尊重不同的背景以及自我認同。也由衷希望日本人能夠明白「都在日本住那麼久了，不就是日本人了嗎？」這種發言對某些族群非常失禮。

雖然在二〇二一年的東京奧運與 SDGs 風潮的影響之下，「尊重多元性」受到重視，但在日韓國人明明是全日本人數最多的弱勢民族，卻被排除在多元性族群之外。

負責東京奧運開幕式的前藝人因為嘲弄二十年以前的納粹大屠殺而被開除，但是那些否定或是揶揄日本在亞洲各國為非作歹的人，卻還是能一手掌握政界或媒體圈，想想還真是不可思議。

此外，我也希望韓國人不要再對在日韓國人說什麼「明明是韓國人，為什麼不會說韓文」這種惡毒的話，或是罵對方是「半個日本人」（반쪽발이、半分日本人，是一種侮辱他人的蔑稱），而是能溫柔地接納這些身在異國，過了三代、四代、五代，卻還是不忘本的在日韓國人。

其實從以前到現在都有許多明明是回到韓國尋求溫暖，反而覺得韓國比日本更排斥自己，因此對韓國絕望、討厭韓國的在日韓國人。

我夢見日韓政府因為結構性問題而不斷爭吵，兩國國民的關係卻不受半點影響的時代

若問這個迷你專欄最重要的重點是什麼，那當然是「憑什麼日韓關係只能停留在兩國政府因為結構性問題而不斷爭吵的現況」。

我想，日韓兩國的政治家為了鞏固自己的票倉，還是會繼續對立。比方說，我在確認本章草稿時，發現日韓政府為了軍艦島與佐渡金山登錄為世界文化遺產這件事而爭吵。

日本政府當然是希望世界文化遺產越多越好，但是對韓國政府來說，軍艦島與佐渡金

山都曾是強徵韓國勞工的場所，所以當日本政府打算省略這部分的說明，只以「人類美好的共同記憶」將這兩個地方新增為世界文化遺產，韓國政府當然會心生不滿。

此時只要自民黨右派高喊「一切都是為了維護日本的名譽」，就算他們過去有哪些失政或醜聞，還是能得到不少支持者的票。

遺憾的是，幾乎不會有選民投給認為「應該顧慮鄰國的立場」的政黨。只要還有故意挑釁鄰國，藉此喚醒民粹主義與鞏固票倉的政治家存在，兩國之間的外交就很容易被彼此的民族主義者所掌握，兩國之間的結構性問題也將永遠存在。

只要出現這類政治對立，媒體就會以「戰後最惡劣的日韓關係」為標題，不斷地從旁煽風點火。不過，所謂的「最惡劣的日韓關係」只限於那些行將就木的政治家，在Z世代年輕族群的眼中，這根本是脫離現實的言論。當「反韓」與「反日」的紅色海洋變成Z世代的紫色海洋，日韓關係就充滿了無限的希望。

教養檢查表

①日韓的經濟關係有什麼轉變？這些轉變又如何改變日韓對彼此的印象？

關鍵字 所得水準　生產力提昇　流行文化　數位化　江南Style的奇蹟

②請日韓之間的糾紛對兩國的政治造成哪些影響？

關鍵字 日本政治的延續性　韓國的民主化與政權輪替　兩大政黨制　總統直選制

③媒體的變化對於日韓長期對立造成哪些影響？

關鍵字 媒體的自由度　社群媒體的進化

④爲什麼每逢選舉，批判鄰國的力道就會變強？

關鍵字 貧富差距擴大　排外主義　政治離心力　市場向心力

⑤各國爲什麼都不會爲了歷史問題道歉？筆者提出了哪些理由呢？

關鍵字 馬克斯・韋伯　愛德華・維克斯　塞爾維亞與土耳其的例子

「章末特別練習」

所謂「日本與韓國的紫愛你」以及「紫色海洋」是什麼意思？筆者爲什麼認爲不能只由政治家擔任日韓關係的橋樑？請試著根據左派與右派的選民特性申論。

後篇　透過在日韓國人的觀點，弭平日韓之間的鴻溝

第四章
「這樣很奇怪耶」，韓國人生氣的理由
被東西南北四方孤立的韓國到底有什麼地方該反省？

——該不會搞錯生氣的對象了吧？

到目前為止，說明了兩國在人際關係與文化的差異，也說明了兩國在政治、經濟、社會結構上的變化，同時也指出這些變化就是造成兩國對立的原因。接下來要提供「對方的觀點」，幫助大家了解猶如懸案般的歷史問題，以及彼此的集體記憶。

本章的內容主要是希望韓國人能夠了解的日本現況與觀點，還有韓國人應該反省的部分。

「釋放壓力的示威運動」反而引起大爆炸？

日本媒體常常報導韓國相關的新聞，而其中最讓我感到沮喪的就是在日本大使館前面燃燒旭日旗，或是投擲汽油彈的那些韓國大叔或公民團體。

我曾在現場親眼目睹不少次這些示威運動，所以知道有些人會在被攝影機拍到的時候才勃然大怒。我也看過有些大叔會覺得「畫面上的自己不夠生氣」，請攝影機再拍一次，接著故意在攝影機前面丟汽油彈，然後按照劇本被制止，再與同伴笑著回家。一邊等著被制止，一邊作勢闖入大使館的大叔簡直就像是在過去對著觀眾高舉佩劍，等待年輕摔角選手上前制止他的職業摔角選手傑特（Jagjit Singh Hans）。

我當然知道這些大叔（團體）對於日本政府處理歷史問題的不滿。不過，這些「不是真的想引起對立，只是釋放壓力的示威運動」，常常引起日方極度不滿。

明明大部分的韓國人都愛好和平，少數的激進派卻營造了「很多韓國人都很危險」的假象

由於本章要寫的是對韓國的抱怨，所以在此事先聲明，韓國人讀了本章的內容，可能會大罵「哪是這樣啦！」

一如本書再三提及，在日本國內的每個人，對於「韓國」的印象都各有不同。

儘管如此，一小部分的韓國人卻總是將住在日本的人視為單一個體，總是高喊「日本必須道歉！」以及撕裂日本國旗，批判所有日本人，導致在日本國內的反韓勢力越來越茁壯。這種猶如自爆的場景我已經親眼目睹過很多次。由於一部分的激進運動已經破壞了韓國的形象，韓國人也應該正視這個問題。

若以統計來看，這些人的人數落在常態分佈兩個標準差的範圍之內，差不多只佔總人口的5%，但這些人的行動卻被媒體不斷放大。這也在日韓兩國造成「原來日本人都是這樣」或是「原來韓國人都是這樣」的錯覺。

示威運動已經變成一種慶典——「滿口髒話的韓國」

不過現在的媒體就是靠這種方式生存，雖然遺憾，卻無力改變。「鄰國跟我國一樣！跟我們一樣都是普通人，過著普通的生活！」報導這種事實的新聞快報肯定收視率為零。

由於韓國的示威文化很發達，所以抗議的手法也很多元。偶爾會看到跆拳道選手像是表演特技般，以旋踢踢裂旭日旗，這真的是誇張到令人發笑（如果日本人在韓國大使館前面以手刀或是日本刀砍破太極旗，恐怕會在韓國引起相當的騷動吧）。

此外，韓國的「髒話文化」也異常發達。韓文的髒話非常尖銳，相關的詞彙也很豐富，很多韓國人常用的髒話若是被日本人聽到，肯定會氣到內傷。

儘管得顧慮日本人有可能不知道你是在抱怨還是在道謝，但韓國人還是很常把髒話掛在嘴邊。除此之外，韓國人通常會面對面互相批評，但是日本人比較不習慣聽到不同的意見或批判，所以當那些韓國人常用的口語表現被翻成日文之後，許多日本人都會覺得很受傷。

反之，有些韓國人則覺得日本那種委婉的溝通方式「非常表裡不一，有種後腦杓突然被一棒打中的感覺」，不過，日語就是有很多這種「還請聽出弦外之音」的口語表現。

有鑑於雙方在口語表現的差異如此巨大之下，韓國人到底該了解什麼？又該注意什麼呢？

接下來將為大家介紹韓國人應該了解日本哪些面向，以及韓國搞錯生氣對象的事實，以及日本人對韓國生氣的常見理由。

日本是重視規則更勝於正義，在乎穩定更勝於變化的國家，而韓國則是在每次政黨輪替之後都會快速改變的國家，因此兩國之間也產生了不少紛爭，而本書也將根據這些紛爭，為大家統整那些日本長年以來想對韓國說的話。

1

「韓式憤怒」的問題

——不分析日本人的多元性而自爆的人

一部分的韓國人總覺得「日本人不會承認過去的錯誤，不會真心道歉」，但這其實是一種成見。近年來，「日本人＝部分右翼政治家」引起了一些問題，所以有些韓國人認為，這些右翼政治家不該與一般的日本人相提並論。

可惜的是，這種被極度簡化的成見讓許多韓國人做出不適當的行為。其實在日本也有許多親韓人士，對韓國也有不同的見解，但是韓國這邊卻對這些視而不見，只是一味地對著日本大喊：「日本需要立刻反省！立刻謝罪！」

比方說，日本曾在二〇一九年對韓國祭出半導體材料的限制措施，韓國國內也因此爆發了拒買日本產品的運動，但當時喊的口號不是「NO日本！」而是「NO安倍！」可見韓國這邊稍微顧慮了兩國之間的關係。

可惜的是，用於高舉「NO安倍！」這個口號的標誌仍是日本國旗，所以就媒體拍攝的畫面來看，與過去的抗議行動還是沒什麼兩樣，終究還是功虧一簣。

因此，接下來要為大家說明日本人對於韓國的各種看法，我也希望韓國人知道日本人是如何看待韓國的。

日本國內的歷史認知也因人而異，從左派到右派都有

首先希望韓國人明白的是，在日本，也有對左派與右派的歷史知之甚詳的人，和非常了解韓國的人。

- 有些人覺得要對韓國表示歉意。
- 有些人則覺得，過去的確對韓國做了很多不可原諒的事，但是「後代子孫應該不需要為了那些不是自己犯的錯道歉吧？」
- 有些人則覺得「錯的又不只是日本」
- 當然也有人認為「日本在自衛戰爭之中，對殖民地的獨立做出貢獻」這類來自右派的反彈。
- 甚至有些人覺得，殖民政權是為了韓國而成立，日本一點錯也沒有，「日本才是韓國反日仇恨論的被害者」。

■ **當然，一如前一章所述，也有許多喜歡韓國現代文化、時尚、音樂、化妝品，模仿韓國風格的日本年輕人，而這些日本年輕人根本不管兩國的歷史問題或是在政治與經濟層面的對立。**

■ **此外，有不少日本人「對韓國沒有喜歡或不喜歡的問題，但是每當在媒體聽到韓國對日本的抱怨就會很生氣」。**

儘管日本人對韓國的看法有這麼多種，但是韓國公民運動家卻老是把「在明治維新時期提出征韓論的吉田松陰」拿出來批評，也不斷地批判吉田松陰的學生，也就是來自長州的政治人物，強迫那些在仁寺洞散步，心裡喜歡韓國的日本女大學生接受「反日運動」。

孩提時期的親身體驗

——希望學生對殖民政治有所反省的學校老師與企圖合理化殖民政治的補習班老師

回想一九八〇～一九九〇年代，也就是我還在念小學的時候，曾遇到很多位老師願意熱心指導日本侵略朝鮮以及日本歧視韓國的歷史。

順帶一提，雖然我在日本學校念書時，用的是韓國名字，儘管我的體格比其他同學大了一號，卻從來沒被霸凌過，也不是「為了不受傷而逞強」。

或許是因為我在念國中的時候，已經長到一八四公分，體重也達到九十公斤，看起來就一副很強悍的樣子，也有可能是因為我念的是相對講究品格教養的京都完全中學。

此外，在念小學校的時候，我習慣在考試卷的姓名欄寫韓文名字，這點或許與父母親的教育也有關吧。

儘管一九八〇、九〇年代還是在日韓國人的小孩會遭受嚴重歧視的時代，但我的情況算是特例，而且真要說的話，我才是那個找同學或是年紀比較大的孩子麻煩的小孩。

雖然當時的我是如此的不可一世，但是在學到韓國被日本殖民的這段近代史之後，「身為劣等民族的自卑」便從心底冒了出來。在日韓國人的人權教育課程總是將在日韓國人視為弱勢族群，所以總是讓我覺得很無聊，也覺得在學校很尷尬。我知道，那些負責這類人權教育的老師是為了我好，才這麼努力推廣這類課程，但我還是希望他們能知道我在學校有多麼尷尬。

到現在我都忘不了的一件事就是在我念高中一年級的時候，訓導主任在放暑假之前最後一次的學生集會跟所有學生說：「不要只記得日本在戰爭之中的損失，更要記住日本加害亞洲各國的責任。」不過高中生聽到這番話，大概是左耳聽，右耳出吧。

另一方面，我在念高中的時候，曾去補習班補習，某位三十出頭歲的年輕講師就在台上直接了當地講：「慰安婦是捏造的歷史，她們本來就是妓女。」當我跟老師說：「這樣說太過份了吧！」這位講師才在下次上課時修正這段話。

順帶一提，若在網路搜尋「日本學校如何教導日韓關係」的影片，還是可以看到我的母校慶應義塾大學 SFC 的草野厚老師在課堂上討論日韓關係的畫面。

其中有一位學生一臉憤怒地說：「明明現在的韓國能發展這麼好，都是因為日本幫助韓國現代化，為什麼韓國人一點都不感謝日本，還一直抱怨呢？我們跟價值觀如此偏差的國家當然水火不容。」

在一九五〇年代，日本代表久保田貫一郎在簽定日韓基本條約的日韓會談提出「日本在殖民韓國時，大量投資了韓國的基礎建設，提升了韓國人生活水準」的說法，韓國也為了抗議這種說法停止兩國建交的談判，事隔六十年之後，還有日本大學生提出類似的主張。

為什麼日本國內對於歷史的認知總像左右擺盪的鐘擺呢？

為什麼「日本人對於歷史的認知會如鐘擺般有如此明顯的差異呢？」

前面提到，有大學生對於不知感恩的韓國相當「憤怒」，但這應該是因為韓國的所做所為不符合該大學生的「價值觀」。

換言之，是因為「認知的真相」與「觀察完整事實所需的視野」出現落差，所以看不見同一幅畫。之所以「認知的真相」不是完整的真相，是因為日本人從未替歷史進行總整理。若說得更深入一點，就是那些只懂得聽從戰前日本政府之意的政治家故意不替歷史進行總整理。

若要放棄線條或是輪廓都模糊不清的水墨畫，改以寫實派的筆觸，精準描繪每一段史實，就必須讓完整的歷史浮上檯面，但這麼做會激怒支持者，違背支持者的期待。

反之，就算堂而皇之地否定那段歷史，也會遭受國際社會的抨擊（就算不理會亞洲各國，日本還是很在乎歐美國家的批評）。

所以就結果來看，讓那段歷史保持曖昧，讓日韓雙方都有台階可以下，算是合理的政治選擇。所以某位前首相在國會接受質詢時，才故意曖昧地回答：「學界與國際社會都未釐清侵略的定義，這部分就交給歷史學家或是專家負責。」（這位前首相之所以如此發言，是因為背後有右派學者支持。順帶一提，一九七四年十二月十四日，聯合國大會第二十九次大會已通過決議，釐清了侵略的定義）。

韓國因為歷史的認知問題，錯將整個日本視為批評對象

關於這個問題，我最希望韓國人理解的是：「日本國內也有很多人反對日本政府對於歷史的定義與政策，所以拜託拜託，韓國人不要再一竿子打翻一船人。」

我在二〇〇四年到二〇〇五年這不到一年的時間裡，在某個因緣際會之下，參與了將「編寫新歷史教科書協會」（也就是歷史修正主義團體）的真面目提供給媒體，再加以批判的活動。

追根究柢，某次我剛好接到日本大韓民國民團青年會的邀請，參加了他們的聚會，也在那

次聚會被邀請參加「編寫新歷史教科書協會相關問題研討會」，我沒想太多就答應參加了。

沒想到參加之後，才赫然發現這「新歷史教科書」有很多令人髮指的內容，當時我也還年輕，所以便花了不少精力與時間參加這個研討會。

最終，我在外國特派員協會發表做了簡報，也與知名保守派評論家西部邁公開辯論，還在韓國國內召開記者會，導致我被網民冠上「民團的間諜」、「在日朝鮮人總會的間諜」，被眾多網民群起圍攻（雖然我的本業是於美國投資基金進行投資調查），被迫成為「想以一己之力促成南北統一的職業公民運動家」，頻頻於媒體亮相。

因為「反日遊行」而蒙受損失的幾乎都是韓國

雖然當時的我覺得「編寫新歷史教科書協會」與在背後支援這個協會的政治家很有問題，但我更擔心的是，批評這個協會與相關政治家的韓國政府或是韓國市民團體搞錯真正該批判的對象。其實日本國內有許多市民團隊與學校老師都極力反對當時日本政府的歷史修正主義，也不斷地發起相關的活動。

可惜的是，韓國政府與韓國市民團體未能細查這些日本人的立場，只會不分青紅皂白地對著所有日本人高喊「日本要反省！日本要謝罪！」導致日本國內的輿論漸漸倒向反對韓國的方向，也間接助長了「編寫新歷史教科書協會」的氣焰。

此外，韓國的市民團體在日本大使館前面焚燒日本國旗，高喊「日本快道歉！」的示威遊行畫面也不斷地於一般家庭的客廳電視播放，連雜誌也以「陷入反日狂潮的韓國！」這類標題，專欄報導這些示威遊行。如果韓國方面能以適當的方式提出抗議，或許還師出有名，但是那種搞錯對象又充滿暴力的示威方式，只會莫名地強化日本人反韓的情緒。

這讓大部分的日本人都以為「韓國人就是討厭日本，所以反日」，也讓更多日本人對於韓國的觀感更加惡劣，結果蒙受損失的都只有韓國而已。

日本人的反韓對象幾乎都是在日韓國人？

話說回來，日本人發洩這股怒火的對象不是住在韓國的韓國人，而是在日韓國人。

這跟每次某位大將軍發射飛彈時（不知為什麼，總要選在日本選舉之前發射飛彈，每次都是日本的右派得利），朝鮮學校的女學生會在電車裡面，用剪刀將自己的制服剪得破破爛爛，也無法改變金正恩或是朝鮮勞動黨的決定是一樣的情況。不管如何，韓國都應該進一步分析與了解日本國內也有各種對於韓國的輿論。

我由衷希望韓國人不要再將「日本」簡化為討好右派支持者的右派政治家，也不要因此批判整個日本，否則只會一次又一次地引爆日本的反韓風潮，我真的覺得這種引火自爆的循環該停止了。

2 為什麼韓國人將無辜的人捲入問題之中？

——搞錯批判對象，莫名增加「敵人」的那群人

前面已經提到「日本國內存在著各種對於韓國的看法」，也希望韓國人能夠知道這點。接下來則是希望韓國人「不要再把無辜的人捲入兩國的對立之中，不要再引火自焚」。

日本希望讓一切保持曖昧，不喜歡非黑即白的立場，也不想因此造成對立，但是深受儒教影響的韓國則總是希望釐清孰是孰非，結果未蒙其利，先受其害。

因此接下來要為大家介紹韓國三大搞錯對象的回應方式，這些回應方式也都令我非常錯愕。

為了避免大家誤會，我在此嚴重申明，雖然只有少部分的韓國人會這樣，但這些人卻左右了日本人對韓國的整體印象。

01 不管是誰，都要求對方「選邊站」

可惜的是，有些韓國人會逼那些必須在日韓兩國做生意的人「選邊站」。

比方說，我跟日本與韓國的同事或客人一起去韓國酒店的話（年輕時，還單身的事情），同席的女公關會莫名地問我：

「啊，你是在日韓國人（재일 교포）啊，我一直都想問清楚，獨島（日本的竹島）是哪個國家的啊？」

哎唷，這個問題問我也沒用啊！

此外，有些人也會問好不容易在日本闖出名堂的韓流明星「獨島是哪個國家的？」或是硬逼知名女演員站上在韓國國內舉辦的「獨島是我固有領土」活動的舞台，再怎麼看，這些都是破壞兩國情誼的舉動，而這類不顧後果的舉動也不勝枚舉。

這些舉動也會將努力維繫日韓兩國關係的人逼入絕境。

02 那些毫無意義又無疾而終的「海外運動」

另一種自爆模式就是在韓國鬧到日本開始反制的模式。

比方說，島根縣制定的「竹島之日」在一開始並未得到全日本的關注，但是當韓國市民團體氣得火冒三丈的模樣，被日本媒體連續轉播好幾天之後，日方也開始心生不滿。

如果韓國市民團體那副氣急敗壞的模樣沒有被日本媒體轉播，「竹島問題」根本無法在日本掀起任何波瀾。

大部分的韓國人都知道「那些看起來暴跳如雷的示威遊行，不過就是在做秀」，但是當那些畫面在日本的新聞媒體一直播放，就會讓日本的觀眾誤以為整個韓國都反日，而且都氣得快要失控。

此外，就算是為了某些理由而在國外控訴「該國的不是」，該國人當然不太會理會這些控訴，所以這類活動通常會無疾而終。

二〇〇七年，我去波士頓拜訪於哈佛念MBA的朋友，校內設有介紹各國的攤位，而日本的攤位旁邊就是韓國的攤位，然後韓國攤位的學生居然在那裡發送「獨島是我固有領土」的英文宣傳小冊子，惹得我不禁噗哧一笑。

想當然爾，哈佛裡的各國學生當然不會在這類活動去拿宣傳小冊子，如果真的有人會去拿，頂多就是「負責收場的韓國新生」。

這種不禁讓人想反問「明明外國人一點都不關心這件事，為什麼要在這件事花這麼多力氣？到底有何意義？」的活動其實非常多。

其實這類問題常被戲稱為「韓國的獨角戲」。

其實就我來看，韓國就像是獨挑大樑的獨角戲主角。

我真的希望韓國在做這些大內宣的時候，偶爾可以想想得付出多少外部成本（來自外國人的異樣眼光）這件事。

03 連那些「仔細一看就會知道的恩人」也批判

最後，韓國人最該自制的就是任憑憤怒爆發的部分。本章開頭也提過類似的內容，有些韓國人就是放任自己發怒，不斷大喊：「日本快反省！日本快道歉！」

韓國這種矛頭指錯對象的批判會讓在日本努力糾正歷史錯誤的那些人難過，只有那些在兩國之間煽動對立情緒的人會得利。

一如前述，在日本也有希望更多人了解韓國立場的日本人，或是喜歡韓國文化，尊重韓國文化的人。此外，也有不少日本人在戰後對韓國的經濟發展做出不少貢獻。但有一部分韓國人總是一竿子打翻一條船，不斷地要求所有日本人反省，有不少日本人也因此對韓國人感到厭煩。

為什麼韓國會有這種搞錯批判對象，一再造成反效果的韓國人呢？這與在日本國內不分青紅皂白地批判韓國，因而被譽為「觀念正確的愛國人士」有一定人數的現象相同。

內團體偏私或是尋求認同感的族群總是不假思索地將批判鄰國視為「愛國行動」，可惜的是，任何國家都有這種可悲的人。這些人往往會間接造成自國的損失以及自爆。

3

「日式憤怒三重奏」是什麼？

——向來沒有半點悔意的日本人為什麼會對韓國人發怒？

或許有些人看到這裡會氣得大罵「這種非要分出對錯，卻不小心把無辜的人捲入對立的例子不過是你的個人經驗」。

所以接下來為想試著分類住在日本的人對於韓國有哪些不滿。這些不滿的類型大致可分成下列三個階段。

「不斷道歉之後的彈性疲乏」

⬇

「被害者心理」

⬇

「對出爾反爾的不滿」

接下來就為大家說明這三個階段。

01

要求非當事者道歉這件事，到底何時才肯罷休？——將連坐制套用在日本年輕人身上實在不恰當

日本人覺得韓國人最惹人厭煩的理由應該是「明明不是當事人，卻一直被要求向韓國道歉」。

「Korean Fatigue」（韓國疲勞）

在英文之中，有「Korean Fatigue」（韓國疲勞）這個單字，指的是明明不知道過去發生了什麼事，卻硬是要糾正過去的錯誤，實現自我的正義，給人一種死纏爛打的印象。

前面曾提過《這裡很奇怪耶，日本人》這個電視節目，而我第一次應邀上台的主題是「日韓關係特集」，藝名為「就是東」的來賓（之後的東國原英夫宮崎縣知事）就在節目上問我：「到底要逼日本道歉到什麼時候才肯罷休！」

這件事讓我到現在都仍記憶猶新。

記得當時這位來賓說：「我不知道日本到底做了什麼，只知道在殖民統治時期，對韓國做了不好的事情」，但言下之意就是「又不是我做的，一直要我道歉，我也不知道該道歉什麼」。

距離參演那個電視節目已相隔二十年之久，而現在的日本年輕人在這個電視節目還在播放時，可能都還沒出生，所以當這些日本年輕人被韓國要求道歉，他們的心情恐怕可想而知。

此外，一如第二章描述的韓國與韓國的儒教世界，韓國有不斷追溯過去的錯誤，要求後代子子孫孫為了這個錯誤接受懲罰的文化，但日本沒有這種鞭屍的文化，而是習慣過去就過去了。而且就如前述，日本人非常重視自主性。所以當韓國氣得要求日本道歉時，反而會讓日本人覺得「別擺出一副高高在上的架子！」進而對韓國產生反感。

可喜的是，大部分的韓國人都覺得「不用再一直舊事重提了吧？」或是「雖然日本人的道歉還不夠，都已經是很久以前的事了」，但是就如本章開頭所述，日本人對韓國人的印象不是由常態分佈中間那塊 95% 的人所塑造，而是由位於邊邊的少數人所塑造。

明明大部分的韓國人已經不再怪罪日本人，但就是有少數人會在日本大使館前面，在日本國旗上面打個大叉，藉此示威抗議。當這類示威抗議被電視新聞轉播，日本人就會誤以為所有韓國人都氣得要求日本道歉。

根本沒搞清楚誰才是真正該出來道歉的對象

順帶一提，韓國最糟糕的舉動就是在宗教團體的帶領之下，讓日本高中生在鏡頭前面對著徵用工被害者流淚道歉，或是讓在韓日本人的妻子在鏡頭前面，對著慰安婦被害者流淚道歉。

讓這些人道歉到底是想幹什麼？

這與看到前首相安倍晉三不理會道歉的要求，自己做個下跪賠罪的「安倍像」一樣空虛。Z世代的年輕人與其他的日本人都不是當事人，一點罪過也沒有，根本不該要求他們道歉。

韓國人真正該做的是為那些「明明不是自己犯的錯，卻願意同情被害者的那些日本人」鼓掌，感謝這些日本人才對，也不該對那些不顧日本反韓浪潮，還願意來到韓國的日本人發怒，應該要「展開雙臂，熱烈地擁抱這些日本人」，這才是韓國該有的態度。

02 韓國為了反日、貶低日本，甚至不惜在全世界散播謠言？

第二個現代日本人對韓國人的不滿就是「反日的韓國在全世界貶低日本」，因為這讓日本人覺得自己變成受害者。

不管是哪個國家的人，聽到自己的國家被讚美一定會很開心，反之，聽到外國人批評自己的國家，一定會生氣。

不管批評的內容是否屬實，只要被批評，大部分的人都會想要否定這些批評，這也是人之常情。尤其日本又是連帶感與集團主義鮮明的國家。

因此，日本人非常不願意被人提起「那些日本過去的黑歷史」。尤其某些右派份子更是企圖文過飾非，或是希望讓過去的錯誤船過水無痕，維護「被全世界愛戴與讚美的日本意象」。

當「韓國在全世界建造慰安婦銅像，貶低日本的地位」或是「將旭日旗當成戰犯旗，破壞日本的形象」，那股討厭韓國，認為「日本才是受害者」的反感也迅速在整個日本蔓延。

那些令人啼笑皆非，穿鑿附會的對日批判

其實就連我也覺得韓國的某些舉動很莫名。

比方說，相當賣座的電影《鬼滅之刃》在韓國上映之前，有人覺得主角的耳環與旭日旗的設計相同，所以要求修正這個部分，也有人批評二〇二一年東京奧運的競賽跑道與旭日旗相似，但有些人就是會提出這類讓旁人啼笑皆非的論點，挑動日本敏感的神經。

要是這樣的話，豈不是要在看到新年日出的時候就發動抗議「這是日本軍國主義的象徵」了嗎？

我覺得韓國人應該早日發覺「過度的批判將摧毀日本人對韓國的信任，而且也是一種自爆

的行為」。

雖然上述的批判只是少數人的主張，卻會讓日本人以為，所有韓國人都死咬著這些事情不放。在東京奧運舉辦之際，「澳洲選手感謝日本舉辦奧運」、「德國選手對東京奧運表示感謝」這些報導吸引了眾人的目光，但韓國媒體卻不斷報導福島食材的潛在危害性，兩造形成了鮮明的對比。

許多國家都批評日本政府不願坦誠面對過去錯誤的態度，但是許多韓國人都還不懂國際社會是在什麼樣的時間點、用何種表達方式看待日本政府的這個態度。

除此之外，也常看到一些人為了大內宣而貶低外國。

雖然韓國的政治家或是其他在媒體發言的人，是在韓國的攝影棚以韓語對韓國的觀眾提出訴求，但他們必須記住，現在已是這些訴求會即時翻譯成世界各國語言的時代。

此外，韓國男子桌球國手於東京奧運表達謝意，或是韓國隊寫了感謝信以及送了伴手禮，感謝在東京奧運足球賽擔任韓國啦啦隊的日本小孩，這些新聞都會立刻在網路擴散。

在網路上常常看到「原來也有不反日的韓國人啊，希望能跟這些韓國人和睦相處」的留言，當然也有很多批判這些感謝的舉動不過是在洗白印象而已的意見。

儘管如此，越是在兩國政治家無法對話的這個局面之下，運動選手所釋放的善意才顯得更有力量。我們一定要記得，一句小小的感謝會在媒體的渲染之下放大數百萬倍，讓韓國在日本的印象得以大幅改變。

其實北京奧運也發生了類似的情況，就算裁判誤判，真的有必要氣到大作文章嗎？當我看到兩國國民的感情因為國際體育大會而惡化時，我都覺得以後乾脆都以「日、中、韓、北韓混合隊出賽」算了。

由衷希望韓國人能放下日韓之間的紛擾，全心讚美日本與其他鄰國的優點。否則，就只會被鄰國當成「滿口髒話的奧客」，鄰國也不會理會那些合理的訴求了。

03 出爾反爾的一直都是韓國啊——日本人最討厭「違反規則」。打開潘朵拉的盒子，反韓變成一種民主？

過去這幾年，在日本國內快速蔓延的「韓國最大負面印象」就是「韓國不遵守國際協議」。也就是批判希望推翻協議的韓國要有自知之明。

對韓國來說，所謂的承諾就是在國家積弱不振時，被迫接受的不平等條約，如今的韓國已經強大，所以該撥亂反正。

不管是不是不平等條約，破壞協議這件事當然會讓永田町（日本國會所在地）那些重視

「共識」的政治家氣得大罵：「不要破壞協議！」

在過去，從來沒聽過「韓國不遵守國際協議」這類對韓國的批判。

光是前總統朴槿惠簽署的韓日慰安婦協議，被後繼的文在寅政權推翻就已經在日本人心中留下了相當負面的印象，沒想到韓國的大法院還針對徵用工爭議做出韓方基金會需代為賠償的判決，韓國政府也大力支持這個判決，導致許多日本人在心中大喊：「韓國真的不要太過份了！」有這種感覺的日本人也遠遠超過網路右翼的人數。

這些事情被媒體連續報導幾天之後，就出現「韓國出爾反爾的速度就像是光速」，日本的親韓派也無法為韓國辯護隻字片語。

政權輪替之後，就能隨便推翻與外國的協議？

日本人認為「惡法亦法」，遵守不當的規則是無上的美德，但是韓國只要政權一輪替，就會追溯過去種種錯誤，覺得「當時的協議很不合理」。

如果協議的是另一方是尊重任何規則與協議的日本人，這種出爾反爾的舉動會讓日本人覺得「那些歷史爭議的被害人是日本」、「該道歉的是韓國」，也會嚴重破壞日韓兩國的關係。

雖然我很同情被關到二〇二二年底才出獄的前總統朴槿惠，卻也覺得在沒有得到輿論的支持下，就與日本簽訂前述的「協議」，實在是「坐一千年的牢都不為過的過失」。

當這個協議被後繼的政權推翻，也讓日本主流媒體得以將反韓塑造成民主運動，永田町那些日本政治家也死咬著「韓國必須遵守國際法」這點，不斷地抨擊韓國。

反過來說，當韓國顧及日本國民的心情，向日本政府發表聲明時，日本人反而願意接受「日本政府違反了協議與規則」這類批判。

不過，韓國政府若是沒有提出具體的爭議之處，只會不斷地大喊「日本該反省！日本該道歉！」恐怕只會讓日本人覺得韓國人一直在鬼吼鬼叫，也無濟於事。

希望有更多的韓國人明白日式憤怒三重奏，也就是「不斷道歉之後的彈性疲乏」→「被害者心理」→「對出爾反爾的不滿」，不要再無謂地挑起日方的怒火，戒掉這些自爆的行為。

4

「直來直往的韓國」無法理解「愛說客套話的日本」？
——那些令筆者也十分驚訝的違心之論

從「韓國必須遵守國際協議」這類批判也不難發現，近年來，日本對韓國最大的不滿就是「韓國不懂遵守規則」。

在韓國，只要政權輪替，那些不合理的規則就會被全數推翻，而日本則恰恰相反，哪怕是不合理的規則還是違心之論都一律貫徹到底，這也是為什麼韓國無法了解自己哪裡不遵守規則的原因之一。

最重視遵守規則這件事的人，不會從道德或正義的觀點思考規則或是命令是否正確，而是會冷酷無情地依照既定的規則採取行動，這也是日本人常見的毛病。

這種順從規則或違心之論的習慣往往是從孩提時代就養成，比方說，開始上學之後，就會被要求遵守校規，哪怕這些校規沒有任何意義或是不合理。

之前日本曾發生高中教職員依照規定時間關閉校門，導致女高中生頭被校門夾住而死亡的意外，但是就算發生了這種不該發生的意外，還是有相當多的人認為女高中生應該要「遵守規則」。

當我在寫這段內容的當下，也發生了在電車之內揮舞利刃、縱火，乘客被刺傷，大批乘客不知該逃往何處的悲慘事件。

可是，這時候車長居然不願開門，讓乘客逃生。此時乘客只好準備破窗逃生。最令人意外的是，車長是因為「在電車未於月台正確的位置停靠時開門非常危險」這個理由而不願意打開車門。是的，明明事態如此緊急，列車乘務員還是選擇照章行事，緊緊關上車門。將乘客關在有人不斷揮舞利刃，刺傷他人，又充滿火焰與煙霧的車廂的理由，居然只是因為「安全規章」如此規定，大家不覺得很扯嗎？

雖然這件意外算是比較偏激的例子，但日本的確有很多這種「不管發生什麼事，還是只會照章行事」的人。

日本這種「重視規則或違心之論的態度」與被稱為「儒教民主國家」的韓國截然不同。在韓國的話，一旦發現規則有問題，韓國人通常會覺得「這種規則太扯」，然後直接忽略規則，不然就是貼心地主動修改規則，或是乾脆發動易姓革命，讓制定這種怪規則的執政者下台。

重視違心之論的日本：令人難以置信的事例

——不管是生牛肉、特種營業還是憲法，都會為了鑽漏洞而自行詮釋規則，以及將所有責任推給「自主性」

即使是日本人，也無法完全遵守這些多餘又不切實際的規則。因此，才會形成「上有政策，下有對策」的特殊文化，也就是日本特有的「真心話與場面話」的文化。雖然被忽略的規則也很多，但不管再怎麼辛苦，日本人都還是會努力裝出一副「很守規則」的樣子。

讓我最為傻眼的一項規定就是之前的「生牛肉禁令」。之前顧客在只需幾百日圓就能吃到生牛肉的餐廳用餐，結果因此食物中毒，全日本的燒肉店也被禁止提供生牛肉這道菜色。不過，之後讓人不知道該怎麼形容的是燒肉店那「上有政策，下有對策」的態度。

燒肉店居然將生牛肉這道料理改名為「炙燒」，然後直接將生牛肉原封不動地放在鐵盤端給客人，然後跟客人說：「請烤熟之後再吃。」如果客人在這時候問：「這應該是生牛肉吧？如果直接吃會怎麼樣嗎？」店家只會說：「原則上，本店希望客人能夠烤熟再吃，但要怎麼吃，全由客人自行決定與負責。」

這類搞笑的事例實在是不勝枚舉。

比方說，雖然官方禁止賣春，但泡泡浴之所以大行其道，全是因為店家宣稱「我們提供的是包廂與浴室，在這種空間相遇的男女要做什麼事情都基於自己的意願，雙方算是自由戀愛的關係」。

二〇二一年東京奧運的選手村大量發送了保險套，讓許多人忍不住提出「難不成在新冠疫情期間還要鼓勵性行為嗎？」的批評。

沒想到日本的主辦單位居然表示這是給選手的記念品，希望他們能帶回自己的國家，藉此推廣啟蒙活動，這藉口真是讓人不知道該怎麼批評。

由此可知，日本的確有很多「莫名的規定」，但是日本人卻能以「自行詮釋規定」、「找藉口」、「宣稱一切都是出自個人意願」這些絕技應對，有時候甚至連憲法都能扭曲。

一如前述，在日本，極度害怕失敗的「無謬性文化」或是「無責任文化」相當鮮明，也似乎瀰漫著一股「修改規定就等於承認過去有問題」的氣氛，所以對於修改規定這件事戒慎恐懼。

忠義高於正義

——視「服從上位者的忠誠」為美德的日本

除了上述的文化之外，日本還是講究忠誠的國家。即使到了現在，澀谷那座忠犬八公像仍受到大眾的敬愛。

如果是在美國，為了尋找下一任飼主而勇闖原宿或新宿的狗狗可能會受人疼愛，但是在這個忠臣藏（註：以人形淨瑠璃徵式演出的戲劇，改編自一七〇三年元祿赤穗事件，這個志穗事件後來也被改編為《浪人47》這部電影）仍被傳為美談的國家，忠誠往往高於正義或是大義。

或許是因為這種忠君文化過於根深蒂固，導致即便上位者的決策或是法律、規定有錯，也不會像韓國那樣示威抗議，或是發動易姓革命，將上位者送進監獄，反之，若是違逆上位者佈達的方針，就會被批為「賣國賊」。

這也是為什麼日本常被戲稱沒有「由下而上的正義」，只有「由上而下的正義」吧（有可能也是因為日本人對宗教較無感？）。

反過來說，凡事直來直往，直言不諱的人相對較多的韓國則必須先了解日本那種「講究規定與對場面話的堅持」，再試著配合這種文化。

如果韓國總是以「只要天下易主，擬定這種惡法的人一定會被處罰與唾棄」這種易姓革命的態度輕忽與日本政府之間的協議或場面話，那麼在進入實際談判之前，恐怕就會先因為「破壞規定」而惹怒日本人與引爆反韓輿論。

5

韓國不是「南北分裂國家」而是「東西南北分裂國家」？

——韓國需要的是國民團結而非經濟成長

綜上所述，日本重視規定與場面話更勝於「合理性與正義」。反觀「韓國不重視規範，習慣中途修改規則」，這也是最常被日本批判的部分。

不過就我所知，除了日本以外，沒聽過其他國家如此批評韓國。不管是在全世界的經濟基礎排名還是商業的相關規範，韓國都得到相當高的評價。

雖然我不是很同意京都大學教授小倉紀藏所著《韓國行動原理》（暫譯，韓国の行動原理、PHP 新書）的內容，但是就「韓國熟知國際法」的內容而言，我則頗有共鳴。對於日常生活之中的隨口承諾異常執著的韓國人其實不在少數。

但奇怪的是，與日本談判時，卻常常出現「不遵守協議」的情況。這到底是為什麼呢？

其實前一章就有稍微提及這個問題的答案。答案就是，韓國的保守與革新者（正確來說，是中高年齡層的人）因為殖民地時代的對日關係而對峙。

第二次世界大戰結束後，現代韓國的保守派得到「親日派」的支持。所謂的親日派是指協助日本的殖民政權或是韓國獨立之後的軍事獨裁政權，因而獲得禮遇的那群人。

反之，革新派則因為經歷過抗日戰爭以及反獨裁民主化運動，所以非常了解那些連日韓基本條約都大力反對的人在想什麼。

順帶一提，「親日派」在韓國建國之後，投靠親美政權，也在韓戰爆發之際與北韓作戰。因此，只要政權一輪替，面對日本與北韓的態度也會跟著一百八十度的轉變。

其實在兩大政黨制的國家之中，這種外交政策大轉向的現象並不少見，就連美國也會在共和黨取代民主黨的時候，推翻前政權簽結的各種國際協議。

比方說，美國就曾經退出伊朗核協定、巴黎協定，以及重新檢討 NAFTA（北美自由貿易協定）或是推翻增加他國軍事援助費用的決議，這種政權一輪替，就推翻前政權各種決議的情況非常多，拜登上台之後，也推翻了川普簽署的國際公約。

不過，美國能這麼任性，全因美國是超級霸權。經濟規模排名第十名的國家若是如此出爾反爾，肯定會遭受國內彈劾，被批「政策缺乏連貫性」。

雖然日本與共產黨一黨獨大的中國不同，有所謂的在野黨存在，但實質上，還是由自民黨統治，所以只有韓國能夠從金正恩統治的北韓，以及普丁統治的俄羅斯突圍而出，成為「政權自然輪替的兩大政黨制國家」。

於是，一旦政權輪替，內政與外交的政策也很有可能被一舉推翻。

韓國的左右派對立遠比「反日」情緒更加激烈

眾所周知，韓國是「南北分裂國家」，但其實形容成「東西南北分裂國家」或許更為精準。韓國的左右派對立遠比「反日」情緒更加激烈。

比方說，韓國的保守派對於前總統文在寅的憎恨，更勝於對日本的憤怒，韓國的自由派也同樣厭惡朴正熙與全斗煥，更勝於對日本的不滿。一如二〇二二年選舉時，尹錫悅（當時的總統候選人）失言所造成的騷動，尤其若不小心肯定了全斗煥，肯定會在政治面或是社會面遇到強勁的逆風。

由韓國右派學者製作，且在日本熱賣的《反日種族主義》（李榮薰編著、文藝春秋）與其說是介紹了真實的歷史，不如說是因為對左派政權的憎恨而大賣的書。

在韓國被殖民的時候，協助大日本帝國而獲利的那些人（當時的日本政府為了更有效率地實施殖民政治，收買了不少朝鮮人）在戰後與從美國回來的李承晚聯手，掌握了當時的政權。所以當自由派的左派政權成立，這些人就成為「追究真相」與「清算積弊」的對象。

在南北統一之前，位於南側的韓國也有人為了促成社會團結而提出「這一切都只是為了在艱困的環境生存下去」這種違心之論，認為左派與右派必須和解不可。

話說回來，若是回溯朝鮮半島漫長的歷史，最大的歷史教訓是什麼呢？

答案就是只要輕忽外國情勢，內部持續對立的話，軍備與經濟的發展就會停滯，任由他國蹂躪或是被迫參與他國的戰爭。

這種「國民團結」的價值在於促進「社會成長」，而不是讓韓國足以進入下個階段，成為全世界第五名的經濟大國。

可惜的是，民主化之後，韓國歷代總統都不斷地呼籲國民團結，但左右兩派的對立卻還是越來越激烈，即使我透過這本書呼籲，也不免覺得無力。

讓朝鮮半島歷代王朝為之傾頹的「政治內團體偏私」若是不消失，我們又能期待怎麼樣的未來呢？或許是因為不容許半點妥協的朱子學的影響，現代韓國政治也出現了朝鮮王朝的士禍（士林之禍），黨派互相傾軋與肅清的情況非常嚴重。

韓國每逢選舉就會分裂成兩半，選舉結束之後也無力修復裂縫，這不禁讓我覺得兩大政黨制與總統直選制不適合韓國。

四分五裂的韓國

如果韓國不改掉政權一輪替，外交方針就跟著改變的壞習慣，今後還是會被視為外交政策缺乏連貫性的國家，也永遠不可能成為政治先進國家。

正因為韓國無法放下過去的恩怨情仇，國內的左右兩派無法和解，所以就算是世界顛倒，南北也不可能在統一之後融和。

其實仔細觀察就會發現，韓國不只是左右對立，還是四分五裂，因為革新派、保守派的爭鬥越來越嚴重，而且世代對立、性別對立也越演越烈。

如此想來，韓國在「男女老少」、「保守與革新」、「南北」、「日韓」這些層面都很不懂「和解」。

每當我看到那些毫無建樹的政治對立戲碼一再上演，我就會覺得與其汲汲營營地促進經濟成長，整個國家應該先致力提升政治層面的團結力以及社會層面的整合力。

至今也見過金正恩五次了

——與北邊正常交流的日子真的會來臨嗎？

雖然在本章的最後提到「連國內和解都辦不到的國家，怎麼有可能南北統一」，但我有幸見過北韓為了南北統一而努力的大人物。

到目前為止，我遇過北韓最高層級的大人物就是金正恩總書記。

實不相瞞，他其實是我在瑞士寄宿學校伯爾尼國際學校的同學，也曾經是我籃球的傳球對象。約翰（當時班上同學都這樣叫他）常常把我的大頭當成籃球，用來練習灌籃。

以上都是在開玩笑，其實他與美國前總統川普在新加坡會談時，我剛好從新加坡植物園附近的住所搬到會談場所新加坡瑞吉飯店，而我都會在飯店大廳追逐他出發或是回飯店的身影，所以我近距離親眼目睹金先生的次數其實多達五次。

在我過去的人生之中，最讓我戒慎恐懼的一幕，就是金正恩在飯店大廳現身的時刻。當時大概有一百位虎背熊腰的北韓護衛隊圍在他的身邊，而他則是一派輕鬆地從我伸手可及的距離走過。此外，他身邊有許多利用無線電下達各種指示的高官，而且這些高官都穿著制服，胸口還別著金日成徽章。

現場的氣氛很像是在等待某位韓流明星出現般，擠得水洩不通，韓裔女性也嬌聲地喊著「金正恩委員長！」如果想要趁機拍照的話，很可能會被雄壯威武的巡邏隊員制止，或是被親衛隊教訓，所以我實在不敢按下快門。

由於我每天都在飯店大廳追逐「金正恩」的身影，而負責拍攝北韓領導宣傳影片的攝影師團隊也一直扛著大型攝影拍攝，所以我有點擔心自己變成政治宣傳影片之中的「歡迎偉大領袖的痴肥新加坡人」。

當時我剛好參加了睽違五年的商學院同學會，也見到了一些老朋友。在大家都順利成為「合夥人」或是「成功募得幾十億資金」的這五年之內，眼前這位三十幾歲的青年繼承了人口多達二千五百萬的國家與核武，還與中國國家主席以及美國總統進行會談，可見他身上承擔著難以想像的巨大壓力吧。話說回來，這些親衛隊當然也是有血有肉的人類。我去飯店大廳的洗手間時，剛好碰巧撞見幾名親衛隊，而讓我意外的是，他們居然笑眼盈盈地讓我先使用廁所。「什麼啊，沒想到北邊的士兵人這麼好啊？」

正當我稍微放下心防時，我突然想到，對於這些親衛隊來說，這或許是第一次與最後一次的外國旅行，而他們的人生又與我的人生有多麼不同。

在日本出生，在香港與新加坡工作的我，是多麼得天獨厚啊，但是眼前的這些人卻是在猶如王朝世襲的獨裁國家出生，從來都不懂自由為何物。

這些軍人沒辦法像我一樣，去濱海灣金沙酒店購物，也不可能在這間酒店的屋頂俱樂部玩通宵，更不可能在新加坡瑞吉飯店散步或是去萬里香（位於登普西山的榴槤專賣店）吃榴槤。即使如此，被體制洗腦的他們依舊覺得自己的國家充滿了自由與幸福。

此外，北韓原本是高句麗統治的部分區域，後來因為自主意識高漲，以及金日成發動的「反事大主義運動」，萌生了想要擺脫與對抗美國或中國這些超級大國的想法。

於是便在國內不斷宣傳「阻止為所欲為的大國才能得到自由」，也將富庶的南韓貶為「美帝的傀儡政權與走狗」。

從脫北高官轉身為韓國國會議員，太永浩的教訓

接著要藉著這個主題，聊聊太永浩（二〇二〇年，太永浩更名為太救民，但為了方便閱讀，在此沿用知名度較高的舊名）這位我遇過的北韓第二大人物。

他是從北韓駐英公使任內判逃至南韓的高級外交官，而現在則是韓國的國會議員。他的著作《三樓書記室的暗號：最貼近平壤權力中心，前北韓駐英公使太永浩的證詞》（商周出版）在日本也很暢銷，有機會的話，還請各位讀者一讀。

我有幸透過前南韓駐日、駐英大使羅鍾一教授（嘉泉大學）與太永浩見面，而在漫長的聚餐之中，令我印象最為深刻的是，就是當我天真地問他：「為什麼花了那麼久的時間，才發現自己的國家那麼與眾不同呢？」之後他的回答。

當時我問他：

「像你長期住在英國或北歐的話，應該會更早發覺北韓的體制很奇怪，不是嗎？」

結果他回答：

「要否定自己的親人與家人的人生，承認這一切都是錯誤，需要很長的時間。」

想必他也會擔心身為北韓菁英與高官的他，一旦投奔南韓，到底該怎麼自力更生，就算願意當超商的店員或是努力工作，又能賺到多少生活費吧。

太永浩告訴我，北韓的體系都是由圍繞在權力核心的菁英支撐才得以延續，而這些菁英跟他一樣，都很擔心在南北統一之後會不會失業。

因此，如果能跟這些人保證，投奔南韓之後絕對能找到好工作，一定能讓北韓更快瓦解。

這件事也給了韓國與日本的政治家很重要的提示。不管是日本、南韓還是北韓，那些深植傳統的「跨世代的集體記憶」都是難以改變的自我認同與家族認同，所以就得想辦法讓大家知道「改變過去的集體記憶也沒關係喲」。

這種集體記憶很難在短時間之內改變。因此，韓國該做的不是「追溯過去的真相，要求日本立刻謝罪」，而是應該敞開心房，告訴自己「就算需要耗費不少時間也沒關係，能夠慢慢了解彼此就好」，讓自己成為「寬宏大量的先進國家」。

教養檢查表

①有哪些是韓國人應該知道的日本對韓意識，以及韓國人又該注意哪些重點呢？

關鍵字 兼顧左派與右派的歷史觀點　「過於激烈的反日示威遊行」是自爆行為

②韓國三大搞錯對象的回應方式之中，又有哪些重點？請試著舉例說明。

關鍵字 選邊站　在外國舉辦的活動　恩將仇報

③多數的日本人都是因爲哪些理由而對韓國心生不滿？請試著舉出三個理由。

關鍵字 不斷道歉之後的彈性疲乏　被害者心理　對出爾反爾的不滿

④筆者以哪些具體的例子說明了日本人的規則至上主義，以及希望韓國人能夠了解日本人眞心話與場面話的哪些差異？

關鍵字 生牛肉　特種營業的違心之論　東京奧運的紀念品

⑤筆者認爲，韓國的外交承諾之所以會朝令夕改，是因爲哪些政治因素？

關鍵字 東西南北分裂國家　親日派　親美政權　革新派　左右派的對立

「章末特別練習」

在章末的迷你專欄之中，筆者提到自己曾在新加坡親眼見到金正恩委員長（時任），也提到自己與前脫北高官之間的互動。爲什麼承認自國矛盾是件很困難的事情呢？此外，筆者認爲韓國該成爲什麼樣的先進國家呢？

後篇 透過在日韓國人的觀點，弭平日韓之間的鴻溝

第五章 「這樣很奇怪耶」，日本人的場面話三大不可思議的論點以及四大修辭方式

——都已經是令和時代了，還戒不掉明治時代的場面話嗎？

前一章提到了希望韓國讀者「反省」的部分。

做為最終章的這一章則有些話想對日本的讀者說，也就是發覺自己國家的政治家那些「貼標籤、場面話與狡辯」之後所擁有的國際觀與歷史素養。

所謂的國際觀顧名思義，就是以國際觀點思考的意思，而歷史素養則是以歷史的教訓為養份，培養正確心態的意思。

讓日本讀者遲遲無法獲得國際觀與歷史素養的一大障礙就是落伍的場面話與強烈的同儕壓力。前一章提了許多讓韓國讀者覺得刺耳的內容，這一章也一樣會提到一些讓日本讀者不舒服的內容，還請各位見諒。

此外，想必大家都知道的是，我只是為了方便描述才使用「日本」這個詞彙，絕對沒有想要一竿子打翻整船日本人的意思。此外，「日本的歷史認知」這類詞彙也無法完全描述真實的情況。比方說，自民黨右派與自由民主黨對於歷史的認知就截然不同，就算都是日本國民，年長者、泡沫世代、Z世代對於歷史的見解也有明顯落差。

日本國內也有許多持不同意見的人，所以接下來的內容不見得能適用於每個人，還請大家務必諒解這點。

奈良時代的神話、明治時代的場面話、昭和時代的政治宣傳、平成時代的反動

若問近年來，日本網民最常討論什麼，應該就是對藝人外遇以及韓國的批評吧。「韓國是大騙子」、「賣慘的韓國」、「違反國際法的韓國」、「反日的韓國」都是典型的戲碼。不過，於日本網路蔓延的「韓國」往往與實際的情況相去甚遠。

有些人整個腦子塞滿了「韓國很可恨」的想法，甚至產生了「韓國是諸惡之源」的幻覺。另一件令人驚訝的是，這些在日本令和時代仍然存在的歷史問題，仍與明治時代的違心之論、昭和初期的政治宣傳或是奈良時代的神話緊緊糾纏。

只要拿本章提到的一九七〇年代的歷史相關書籍，與進入二〇〇〇年之後，回顧戰爭時期的言論比較就會發現，隨著時間流逝，日本國內企圖美化戰爭的言論越來越多。

這是因為日本政府在一九九〇年代根據防衛廳（現防衛省）圖書館的公文承認軍方與慰安婦制度有關一事，而這件事也與右派集團做為自我認同基礎的各種違心之論相悖。

儘管在九〇年代之後，平成年代的歷史認知在世界潮流的影響之下，往反省過去的方向發展，但是往右派方向發展的反動力道還是非常巨大。

這或許是因為在泡沫經濟瓦解之後，整個社會陷入不安所導致，但美化戰爭的言論的確在那時候迅速孳生。

本篇也會仔細介紹這些言論，但這些言論通常是先否定部分證據，再否定整個問題的觀點，或是硬將例外視為通例的言論。

那麼，要從平成年代的反動解釋令和的和解，到底需要先具備哪些知識呢？

誘發「盲目的義憤」的三大模型與四大修辭方式

簡單來說，這個問題的答案就是擴展國際視野，避免因為內團體偏私而變得盲目。不管是哪個國家，都有很多在網路上拼命發表言論的右派份子，但這些右派份子無法代表所有國民。不過，這些右派份子總是積極地打壓反對他們的言論，導致越來越多的人（就算不是積極的贊同者）為求自保而沉默。

長此以往，這些「由少部分人提供的資訊」就會內化為多數人的集體記憶。

對於「歷史修正主義的修辭方式」沒有免疫力的人，很容易感染民粹主義的病毒。這點在古今中外皆然。

比方說，以「祖父母的名譽與日本的自尊心正被反日勢力矮化」為由，將那些對於「戰時政治工作者的批判偷偷轉化成對祖父母的批判」就是其中一例。

尚未接種疫苗，對於這類論法沒有免疫力的部分族群很容易因此被煽動而變得「憤慨」與偏激。比起那些心中帶著罪惡感攻擊他人的人，那些錯誤的正義感越是強烈的人，越能若無其事地犯下殘酷的罪行。久而久之，這些因為錯誤的歷史認知而滿腔怒火的人就會化身為邪魔神（在知名動漫《魔法公主》之中，因為憤怒與憎恨而失控的怪物），成為煽動民粹主義的網紅，在社群平台不斷鼓吹民粹主義，或是在亞馬遜線上書店給予那些讀都沒讀過的自由派書籍一顆星評價，過著完全不正常的日常生活。

最終章將分析這些扭曲集體記憶的「貼標籤、違心之論」的真面目，以及「典型的三大狡辯模式與四大修辭方式」。

此外，為了避免大家被那些「在網路上蔓延的排外主義」感染，還要以第一次施打、第二次施打以及追加劑量的方式，幫大家打三次「疫苗」。

希望在本書的最後，能與各位讀者一起了解日韓兩國之間長達二千年的歷史，及其與世界歷史的共通之處，同時領悟「日本與韓國原來是這樣的國家啊」的道理。

1 今時今日的和風韓國人對日本的真正看法是？

——韓語的「親日」與日語的「反日」都有奇怪的定義

令人遺憾的是，日本媒體在討論韓國時，真的很常以「反日韓國」一詞做為韓國的代名詞。比方說，日本的電視節目不知道是不是為了要炒作「反日韓國」這個話題，動不動就在首爾街頭採訪韓國人「喜不喜歡日本？」然後刻意挑出那些「因為歷史情結而不喜歡日本的回答」或是報導相關的輿論，對韓國「反日」的形象冷嘲熱諷。

不過，大部分的日本人真的與韓國人交流之後，就會發現韓國人一點也不反日，而且去到韓國，韓國人對日本人也很客氣。

從右派的《產經新聞》記者黑田勝弘所著的《韓國　反日情緒的真面目》（角川學藝出版），到左派的《每日新聞》記者澤田克己所著的《反日韓國純屬幻想　充滿誤解的日韓關係》（每日新聞出版）都提到了這種「韓國大眾幾乎沒有反日傾向」的說法。

我身邊雖然也有左派與右派的韓國朋友，卻沒有半個韓國朋友將「把日本當成不可饒恕的民族宿敵」。

的確有不少韓國人認為日本不曾真心為了過去的歷史道歉。

不過，更多韓國人覺得「過去是過去，現在是現在，不該混為一談」。

奇怪的「反日」定義

——就算喜歡日本，只要一批評右派的歷史觀就會被冠上「反日」的帽子

在此要先請大家了解的是，「親日」與「反日」的定義過於曖昧，所以在以訛傳訛之下，產生了混亂與誤解這點。

所謂的「日本」到底是指「日本文化」、「追求和平的現代日本」還是「以軍國主義統治殖民地的大日本帝國」呢？明明這些定義完全不同，卻常常被混為一談。

各位讀者在聽到「親日」的時候，覺得親日的反義詞是什麼呢？部分的日本人可能會大聲回答「反日！」。

不過，韓國人口中的「親日」是指那些在戰前配合日本施行殖民統治的那群人，而不是喜歡現代日本或是日本文化的那群人。此外，日本人在聽到「反日」的時候，往往會將這個詞彙解讀成「反對日本一切」的意思，但不管你多麼喜歡日本文化或是現代日本，只要對右派的歷史提出異議，哪怕你是日本人還是外國人，都會被貼上「反日」的標籤。

就這層意義來看，我也會被當成「反日勢力」的一員。

我平常可都是用南部鐵器與 Akao Aluminum 的茶壺煮熱水，用志野燒的粉色茶碗喝茶，或是使用木屋的菜刀與有次的銅鍋煮飯。

自從疫情爆發，我被迫待在家裡之後，便深深愛上日本職人打造的廚具。知名職人姬野先生手工打製的鋁製雪平鍋實在太美，讓我忍不住買了兩個在家裡使用，我的廚房也擺滿了日本製的鍋子。老實說，我其實還買了三個鍋子與茶壺，但是我很怕被老婆罵，所以藏在衣櫃裡面。我在客廳鋪了從岡山運來的榻榻米，衣服則收在岩谷堂的衣櫃裡面。睡覺的時候都是穿浴衣當睡衣，所以整個人看起來就像是關取（相撲力士的稱號）一樣大隻。

此外，在北京冬季奧運舉辦時，我可是全心全意地為了 Loco Solare 女子冰壺隊加油，也打從心底為了日本花式滑冰選手加油，也常常向外國人澄清那些對於日本人的不當誤解。

雖然我這麼喜歡日本，卻完全不認同日本的右派歷史觀。所以，儘管我這麼「熱愛日本文化與現代日本」，依舊被貼上「反日標籤」。

我真的希望建立「和風韓國人」這種全新的概念，讓所有人都能正確認識我這種「對過去的侵略行為與試圖合理化這些侵略的舉動感到氣憤，卻又喜歡日本文化與現代日本的韓國人。因為有很多人既非韓國人口中的「親日份子」，也不屬於日本人口中的「反日份子」。

就日常文化來看，韓國不折不扣是親日大國？

其實韓國真的很多這種「喜歡日本的人」。

在日韓關係惡化之前的二〇一八年，每年約有七百五十萬人次的韓國人前往日本旅行。這個數字超過了人口比韓國多三十倍的中國，許多韓國人從日本回來之後也都感動地表示日本的服務業人員實在太有禮貌與太親切了。此外，首爾市內的日本料理店可說是多到滿出來，日本人那無微不至的服務與對於工作的專注也都大受好評。日本人若是來韓國玩，我真的很推薦他們去仁寺洞旁邊的益善洞（就在hotel ibis仁寺洞旁邊）、狎鷗亭（首爾鬧區）、街路樹街（位於新沙洞的時尚大街）、瑞草法國人住宅區，因為在這些地方有許多日本人看到也會嚇一跳的超豪華日本餐廳（例如Kappo Akii）。

如果從韓國現在的飲食文化或是日常生活來看，會不禁讓人懷疑，這世上還有比韓國更親日的國家嗎？

大多數韓國人的真心話

——透過媒體傳播的「反日遊行韓國群像」與在地韓國人之間的落差

可惜的是，有不少日本媒體總是為了爭取收視率而炒作日韓對立的話題。不過，住在韓國的日本人應該都知道「實際的情況才不是那樣」。

前面提過，有些市民團隊只在鏡頭前才會大聲怒罵日本或是焚燒日本國旗，而這些畫面都會被日本的報紙或是電視新聞大肆報導。不過，縱使大使館門口的示威遊行不斷，一跳脫這個環境，就會發現到處都是平靜的日常生活。

此外，韓國人本來就很常示威遊行，一下子為了反美而遊行，一下子為了反北韓而遊行，保守黨年輕代表李俊錫甚至在總統選舉的時候，透過媒體對忽視自己的總統候選人（當時）尹錫悅發動「一個人的示威遊行」，總之，韓國的示威遊行真的很多，而且屢見不鮮。

有趣的是，有大嬸在針對安倍首相（當時）的示威遊行旁邊大喊：「日本沒有錯，錯的是我們的總統，快跟日本首相道歉！」進行反政權的示威遊行，場面可說是一片混亂。

不過，這些示威遊行都是在固定的地區與時間進行，而且周邊警備也很完善，所以可說是井然有序。再加上這些示威遊行結束後，都會播放很活潑的音樂以及跳舞，所以與其說示威群眾很憤怒，不如說他們其實樂在其中。

要是受到日本媒體的影響，抱著「韓國很反日」的心情來到韓國，肯定會因為韓國人那份希望日本人覺得「賓至如歸」的服務大吃一驚吧。

我想說的是，大部分的韓國人在面對日本的時候，都覺得「過去是過去，未來應該要攜手並進。至於過去的歷史，只要願意承認，以及對自己的民族記憶產生共鳴，那就足夠了。」、「最起碼希望日本人不要抹滅過去，也不要在韓國人的傷口抹鹽。」這就是大多數韓國人的心聲。當然也有人堅持要「日本首相下跪認錯」或是依法賠償，但至少大部分的韓國人都是像這樣看待日本，以及對日本抱有期待的。

結論就是，絕大多數的韓國人都不討厭日本人。

讓「針對政治家個人的批判」轉換成「針對整個國家的批判」的「反日標籤」

儘管這種反日示威遊行與實際情況相去甚遠，但還是有部分日本人認為要求日本政府為了慰安婦問題賠償十億日圓這點，大罵韓國是「打著反日旗號謀利的國家」或是「一直賣慘的國家」。

不過，十億日圓對於經濟規模位於全世界前十名之內的日本來說，根本是九牛一毛，這筆賠償金的象徵意義遠大於實質意義。

於是有部分的日本右派政治家便偷換概念，將那些針對自己的批判轉換成「對所有日本人的批判」，企圖謀取更多支持。

一如二〇二一年，右派政治家將那些反對東京奧運的人打成「反日勢力」一樣。

這些右派政治家之所以將那些對於日本政治工作者的批判轉換成「反日情緒」，是為了煽動「內團體偏私」，讓日本民眾的注意力移轉至外部，進而忽略日本國內政治家的失政。

言下之意，韓國對日本的不滿只是一種「反日教育」的結果，也是一種「這一切都不是事實，所以不用理會」的傲慢態度。

此外「為了減少國內對立，所以不要批判日本」的意見也一樣多。儘管這類意見有部分是對的，但很多人對於那些遲遲未能改善的事情感到不滿，所以這類意見才能在政治圈受到重視，「明明我們一點錯都沒有，卻一直被找麻煩」的態度難道真的沒有半點問題嗎？此外，那些高喊「日本之所以失去往日雄風，全是因為自我閹割的教育方式所害」的人不僅長年執政，書店裡面也都是他們寫的書。

不過，當這些政治人物利用「韓國經濟崩壞論」、「中國經濟崩壞論」撫平支持者的不滿情緒之後，他們的支持者就看不見鄰近各國的經濟已有數倍的成長，自己國家的經濟卻幾乎零成長這點，也不會批評這些政治人物。

那些需要「荒誕離譜的鄰國」存在的政治人物與生意人

對一部分的日本政客來說，批判鄰國就像是「催出右派票的萬寶槌」，所以韓國若不是「反日國家」，若不是「貶損日本的超級壞蛋」，那麼這些日本政客可就不知道該怎麼辦了。

相同的情況也同樣在韓國發生。如果「日本不再是絕對的壞蛋」，那麼一部分的韓國人就再也沒辦法在別人頭上貼親日派的標籤了。

有些日本團體是靠著仇韓言論募款的，在韓國也同樣有厚著臉皮宣稱自己要為慰安婦受害者主持公道，而因此當上國會議員的人物（正因為這種言論行得通，所以李在明才以些微之差敗北，也才因此政權輪替）。

日韓兩國都有兩國一旦和解就會頓失「政治利益」的利益團體，所以兩國之間的糾紛才會如此難以解決。我覺得，與其認真學習歷史或是史實，政治的組織行動論更能說明這類延續至今的歷史糾葛。

如此說來，與其將「日韓兩國形容成全面對立」，不如說成「部分的韓國人反日，部分的日本人討厭韓國」，而這股互相討厭的情緒帶動了整體的風向還比較正確。更何況比起為了意見不同而彼此宣戰，日本人更是討厭意見分歧的情況。

將所有反對政權的人都打成「反日份子」，藉此煽動內團體偏私的劇本其實一再上演，一如那些在第二次世界大戰不願服從全體主義的人，全被打成「非國民」是一樣的道理。

教導被殖民的歷史與「反日」是兩回事

不過，在日本教導與韓國之間的歷史糾葛時，直接把韓國形容成「反日的敵國」，難道不會太離譜嗎？

日本曾經因為被原子彈轟炸以及東京大空襲而死了幾十萬人，但日本人也不曾因為「推動反美教育」而被美國批評。別說被美國批評，現在的日本甚至還是最親美的國家。

不管是住在國內還是國外的猶太人都會徹底教導納粹大屠殺這段可怕的歷史。即使這段歷史已經過了七十五年以上，以色列這個國家也從來沒被批評為「反德國家」。

此外，印度的學校也會教導「被英國殖民時有多麼悲慘」的歷史，卻沒人會被印度稱為「反英國家」。

日本人總是習慣忍耐，不願意表達不滿，反觀韓國人則不同，就算是朋友也會直言相對。在此想請大家注意的是，莫名地將韓國的民族英雄李舜臣將軍或是安重根義士當成「反日象徵」或是「反日恐怖分子」這件事。

因為這兩位是在韓國遭受其他國家侵略時，挺身而出的民族英雄，所以在他們身上貼「憎恨日本，貶低日本的勢力」的標籤實在不妥。

比方說，如果那些向國際社會控訴美國，大聲疾呼受到原子彈轟炸的廣島與長崎有多慘的人，被美國批成「反美勢力」，日本人又會怎麼想？

美國總統曾在造訪廣島，為了當年的戰爭犧牲者祈禱，讓廣島縣民得到了莫大的安慰，西德的威利・布蘭特（Willy Brandt）也曾在訪問華沙之際，特意在猶太人區（ghetto）英雄記念碑前面默禱致意，為什麼日韓之間沒有這類和解呢？

比方說，來自日本的重要人物若是在三月一日這個韓國非常重要的記念日（在一九一九年三月一日舉行的韓國大型獨立運動，又稱為「三一獨立運動」。當時有許多參加遊行的群眾被逮捕與虐殺，但韓國也因此從軍閥政治轉型為文人政治）前往柳寬順烈士或安重根義士這類獨立運動家的記念碑致意，雖然這些歷史過錯與他們無關，但此舉肯定能讓更多韓國人感動，也能得到

2

為什麼韓國與其他的亞洲國家不一樣？

——希望大家至少知道「不正義的合法」這種違心之論

到目前為止，我們討論了「反日標籤的真實情況」，但是，明明有許多東南亞國家都在各地的都市立了日軍虐殺追悼記念碑，也透過歷史課教導那些日軍虐殺國民的史實，為什麼這些國家都沒被貼上「反日」的標籤呢？

其實不管是香港還是新加坡，到處都能看到抗日戰爭記念館或是日軍虐殺被害者追悼碑。不過，之所以沒聽過日本大罵「香港、新加坡，立刻停止反日教育」，是因為儘管這些國家或都市教導了那些負面的歷史，卻還是非常親日。

那麼，為什麼只有韓國不是這樣？

一如前段所述，韓國是「執拗的追究過去，絕不妥協的儒教國家」。此外，韓國也深受傳統的小中華思想（在中華文明秩序之中，朝鮮王朝認為自己是相當優越的文明國家，足以與大中華分庭抗禮或是位居第二把交椅。自明朝被北方民族的清所滅，朝鮮王朝就以繼承中華文明正統的國家自居，也看不起日本或是北方蠻夷）影響。
然而其中最大的因素就是日本到現在都還有「當時是合法吞併韓國」的說法。
比方說，日本已經承認過去曾對菲律賓、越南、緬甸這些東南亞國家造成極大的傷害，也因此道歉與賠償，大部分的日本人也不再對中國主張「當時是合法統治滿洲」，日本也對新加坡提出接近賠償的協議。
但是直到現在，越來越多日本人認為「當時吞併韓國一切合法，而且不只得到了國際社會的同意，連韓國人也希望合併，韓國也因此得以近代化」。
這段背景介紹有點拖得太長了。這種「得到國際社會的承認與一切合法」的說法正是兩國在歷史認知上的爭論與歧異之處，而接下來就要透過三個案例說明這個說法。

01 一九九五年的村山談話
——村山談話或河野談話淪為「卑鄙的藉口」是什麼意思？

近年來，日本國內不斷湧現「韓國老是冷飯熱炒，舊事重提」的批評聲浪。不過，大家可知道韓國人有段時間也覺得「日本居然舊事重提」這點很不可思議。

「村山談話」是一九九五年，村山富市首相（當時）為了記念戰後五十年，在經過內閣會議之後，決定向韓國與中國道歉的談話。

我國在不久之前的過去，因國策失誤而走上戰爭一途，導致國民陷入存亡危機，也因殖民地政策與侵略，造成許多國家，尤其是亞洲國家莫大的傷害與痛苦。

為了避免重蹈覆轍，我將坦蕩地接受這段毫無虛假的史實，再次藉此機會表達深切的反省，以及由衷的歉意，也要對那些因為這段歷史而犧牲的日本人與外國人獻上無限的追念與哀悼。

（節錄自日本外務省官網）

讀完這段內容之後，會覺得日本政府的確向韓國與中國謝罪了。

此外，發表時間略早於「村山談話」的「河野談話」則是於一九九三年八月，由宮澤喜一政權的河野洋平內閣官房長官（時任）所發表，相關的內容如下。

根據這次調查的結果，日本的確長期在大多數的地區設置了慰安所，也的確有為數眾多

的慰安婦。慰安所是應當時的軍事當局請求而設置，慰安所的設置、管理以及慰安婦的移送都由舊日本軍直接或間接負責。

雖然慰安婦的招募是由接辦軍方業務的業者一手負責，但有許多慰安婦都是被哄騙或是強迫，違反當事人意願的例子多不勝數，而且日本政府的單位也曾助長這股歪風。慰安婦在慰安所的生活也在高度壓迫之下而痛不欲生。

此外，若是不包含日本，被送往戰地的慰安婦多數來自朝鮮半島，不過當時的朝鮮半島屬於我國統治範圍，所以關於慰安婦的招募、移送、管理往往帶有欺哄與強迫的色彩，總括來說，通常違反當事人的意願。

慰安婦事件是在當時軍隊的施壓之下，導致許多女性的名節與尊嚴都遭到蹂躪的問題。

日本政府願意就此機會，對於那些來自各地，遭受萬般苦痛與身心嚴重受創的慰安婦致上最深的歉意與反省。

（節錄自外務省官網。筆者自行標註了重點，也替部分的句子斷行）

村山談話與河野談話都隨著鷹派政權上台而蕩然無存

讀完這兩段談話，會讓人覺得日本政府在戰爭結束五十年之後，仍然願意向慰安婦認錯。

不過，日本的鷹派政權上台之後，雖然公開承認「村山談話」與「河野談話」，但是安倍首相（時任）卻在國會答詢時否定了這兩次談話，日本政府甚至還提出報告，聲稱「在河野談話之中提到的十六位慰安婦受害者訪談調查都是杜撰的」，全面推翻之前對受害者的致歉與謝罪。由於這類報告的人選與內容幾乎都是固定的，所以通常只是將政客想說的事情包裝成客觀事實而已。

這種藉由否定十六名慰安婦的訪談調查，否認慰安婦問題存在的手法就是後面提到的「藉由否定部分來否定整體」的手法。

再加上有部分國會議員也在上述兩次談話之後主張：「日韓合併一切合法，韓國人本身也希望合併，日本對韓國的近代化做出貢獻。」讓更多人否定慰安婦問題的存在。

明明日本有許多國會議員或總理大臣在私底下不斷宣稱村山談話與河野談話都是一派胡言，而這些所做所為也都登上韓國的新聞版面，對外卻還是主張：「我們承認村上談話、河野談話這些歷代政權做出的見解。」這種互相矛盾的說法實在是一點說服力也沒有。

日本國會也認為：「就算日本道歉了一百次，韓國也會說日本沒道歉。」不過韓國卻覺得就算日本道歉了一百次，日本還是會在第一百零一次主張：「我才不認錯咧」，推翻前面的一切。

就這點而言，日本與韓國可說是完全一樣，只要自由派政權與右派政權輪替，對於歷史的解釋就會一百八十度改變。

一如第二章所述，韓國非常重視「發自真心的道歉」，所以才會對「歷代日本首相的真心話」感到沮喪。

不過，若是瀏覽日本外務省的官網就會發現，與其說「村山談話」是發自內心的道歉，不如說是「一種徒具其形的謝罪」，只是為了「迴避外國批判的不在場證明」而已。

若真是如此，「村山談話與河野談話」就免不了淪為卑鄙的藉口。

由於日本習慣「講場面話，不求真心」，而韓國卻十分重視真心真意的道歉，所以在這部分的差異也導致兩國難以在情感上達成共識與和解。

02 一九六五年的日韓基本條約——為什麼堅持稱為「經濟協力金」而不是「賠償金」呢？

就韓國人的感性而言，韓國人最希望日本人了解的是，韓國在國力不強的軍事獨裁政權時代裡，那些國際協議到底是不得不簽訂，還是硬是不顧民眾的意願而簽訂。

一九六五年的日韓基本條約在韓國國內被認為「屈辱外交」，也掀起激烈的反對運動。發動政變的軍事獨裁政權因為遭受美方的壓力以及迫在眼前的資金缺口而不顧民眾意願，簽署了這項條約。順帶一提，這項條約規定大部分的資金都必須用來購買日本生產的產品（有一部分稱為『賠償商業權利』），對日本來說，這也是讓韓國經濟更依賴日本的一筆好投資，而且日本也的確從韓國得到巨額的貿易順差，一說認為，朴正熙總統為了鞏固政權而進行重點投資，所以才造成現在的地區對立。

此外，在簽定這項日韓基本條約的時候，日本政府堅持將佐藤榮作內閣支付給朴正熙總統的資金稱為「經濟協力金」，而非「賠償金」。

這種堅持暗藏著「日韓合併一切合法，也都是依法徵召國民，所以不需要賠償」的弦外之音。韓國這邊則認為：「韓國是在沒能順利趕上近代化浪潮，國力不盛的時候被迫與日本合併與接受殖民統治，所以這筆資金應該稱為『賠償金』。」

若以這幾年的事件比擬，那就是俄羅斯的普丁在蹂躪某個國家，造成多人傷亡之後說：「差不多該和好了吧？我會援助你們，問題就永遠解決了對吧。這不是賠償金喔，因為俄羅斯什麼壞事也沒幹啊。」

被蹂躪的國家會怎麼想？而且還出現類似親俄的白俄羅斯盧卡申科政權的軍事獨裁政權，企圖忽略民眾的反對，逕行與俄羅斯議和。等到普丁政權與傀儡政權瓦解後，那個國家的人在聽到「當時我們的政府同意議和」這種說法時，還能悶不吭聲嗎？

讓我們把話題拉回韓國吧。韓國的自由派政權對於徵用工問題的說詞是「一九六五年，軍事獨裁政權接受的是『未支付的薪資』，不包含『慰問金』」。

因此韓國要求日本「賠償徵用工受害者在一九六五年沒收到的慰問金」（此外，許多韓國保守派的人認為，韓國政府應該要向國民支付賠償金，不過日方不知道這件事）。

在一九六五年或一九一〇年簽訂條約之際，被自己國家、日本政府與美國政府完全忽視的那群人，在日後進入了盧武鉉政權或文在寅政權擔任要職。

正因為這些人變得比過去更加強大，也獲得了政權，所以才更希望「查明那些被迫接受的條約」以及「讓一切回到正軌」。

03 一九一〇年的日韓合併
——與列強交易的殖民地統治以及得到國際社會承認的合法合併

話說回來，於一九一〇年生效的「日韓合併」到底是合法，還是屬於強迫性質的非法合併呢？日韓之間的歷史糾葛之所以遲遲無法徹底解決，最根本的原因就是這個「一九一〇年日韓合併的合法性與非法性的爭論」。

這項爭論的重點在於如果日韓合併純屬非法，則日韓合併不成立，被強制徵召的受害者也是賠償對象（日本政府宣稱，當時的韓國人也是日本國民，所以不是賠償的對象），韓國光復軍則能躋身戰勝國之列，也就能據理力爭各種賠償。

將一九一〇年的日韓合併條約形容成「韓國人期待已久的合法合併」，當然會引起韓國的不滿。不過真正的問題在於，日韓合併條約雖然是在軍事威迫之下簽訂，但當時也得到了國際社會的承認。

不正義的合法

——「日韓合併條約絕對是被迫簽訂的條約！」

在學術研究的領域裡，「日韓合併的強制性」是無庸置疑的。木宮正史東京大學教授的名著《日韓關係史》（岩波新書）也明確描述了日韓合併的強制性。

此外，崔貞淑的論文也如此描述。

一九九八年，李泰鎮教授在日本的《世界》雜誌針對與日韓合併相關的五個條約，提出簽訂的手續與形式的瑕疵，證明舊條約的非法性與無效，但是海野福壽教授則於另一份論稿主張，雖然在第二次日韓簽訂協約時，韓國代表者的確遭受強迫，但是簽定條約的手續與形式毫無瑕疵，所以與合併相關的條約具有法律效力，企圖藉此與李泰鎮教授的論點對抗＊。

意思是，雖然日韓合併帶有強制性質，卻是合法的合併。不過，這種主張的論點不僅沒討論究竟合法與否的問題，也少了相關的邏輯、感情與倫理這些方面的綜合判斷。

因為就算合法，也有很多法律或條約很不合理。

試著從不同立場想像「日韓合併」的練習

為了體會被強迫合併的一方覺得多麼「不正義」，讓我們稍微換個立場。

比方說，發生了金正恩總書記派遣特殊部隊進入日本，以及朝鮮王朝最後一位王妃被日本公使團暗殺的事件。

北韓政府無視於天皇的辯解，硬是訴諸國際社會，要求天皇下台謝罪。

接著以核武威脅日本，並且從親北韓的派閥挑選內閣成員或總理大臣，也解散自衛隊，由北韓軍隊擔任日本的軍事顧問。

心生不滿的民眾雖然於澀谷或是新宿發動示威遊行，卻被北韓軍隊掃射屠殺，北韓政府也在暗地裡唆使自稱會員高達一百萬名（其實只有幾千人）的日本政治團體「日進會」提出「日

＊ 崔貞淑「促成日韓合併的國際情勢：對於十九世紀日本指導者的國際認識的考察」《二十一世紀社會設計研究》2018年17卷、P.39-51

朝(北韓)合併請願書」。

最後北韓政府派兵包圍首相官邸，要求由北韓政府樹立的傀儡政權的總理大臣簽署「朝日合併條約」。簽署這些條約的理由當然都是為了宣稱「這是日本人期待已久的合併」。

等到中國與俄羅斯承認這次的合併之後，再宣稱「因為得到國際社會的承認，所以這是合法的合併」。日本人能接受這樣的說詞嗎？這一切都於日韓合併之前真實上演過。

順帶一提，如果以剛剛的例子而言，在戰爭結束之後被美蘇分割與佔領的不是侵略日本的北韓，而是被北韓殖民的日本。如果日本遭受東西雙方夾殺，出現了三百萬名犧牲者，而北韓卻因為出口這些夾殺日本的武器而迅速成為經濟大國的話，恐怕日本人的集體記憶、民族記憶會變得無比複雜與百感交集吧。這些都是真實上演過的事件，所以「別用現在的價值觀判斷過去的事件」的主張純粹是種遁詞，因為不管是從當時、現在還是未來的普世價值來看，「日韓合併都是不合理的」。

所謂「得到國際社會的承認」，

不過是「與英美兩國協議的殖民地分割密約」吧！

接著讓我們研究「國際社會承認」的正當性吧。之所以要研究這部分，在於當時雖然是在武力脅迫之下的合併，但是「當時的『國際社會』的確認為日韓合併條約「在形式『合法』」。

不過，這裡的重點在於所謂的「國際社會」不過是在亞洲與非洲實施殖民政治，逕行瓜分土地的歐美列強，尤其是指英國與美國這兩個國家。當時的英國正對中國傾銷毒品，中國一反抗就以軍事力量強迫中國屈服。此外，英國為了避免俄羅斯南侵，守護自己在亞洲的龐大利益，在日俄戰爭之際支援日本，美國也為了鞏固自身在菲律賓的權利，與日本簽署桂太郎－塔虎脫備忘錄，藉此附和日本（盎格魯撒克遜人與俄羅斯人之間的鬥爭至今尚未停止）。

除了美國與英國之外，所謂的得到國際社會的認同，不過是在戰爭敗給日本的俄羅斯、清朝以及在朝鮮半島擁有權利的各國唱和日本的行為罷了。

從韓國的角度來看，這種「國際社會的承認」不過是「當時的盎格魯撒克遜人與日本之間的亞洲侵略協議」而已。綜上所述，在韓國的國力顯著提升之後，那些被迫吞下的不平等條約當然要「推翻與修正」。所以，就算日本人無法認同韓國的「集體記憶」與歷史認知，至少也能夠理解才對吧。

可惜的是，明明現在已進入令和時代，普世的價值觀與國際情勢也都與過去截然不同，日本政府還是主張「當時的日韓合併得到了國際社會的認同，而且是韓國人期待已久的合併」，硬是要以一百年前明治時代那些不合理的藉口規避錯誤，讓日韓兩國隔著一片大海互相對峙。

即使時代已然改變，到現在還有人死鴨子嘴硬地說：「盎格魯撒克遜人就承認了啊！」、「比起被白人統治，被日本人統治比較好啦！」這種完全不符合時代的主張當然沒有半點說服力可言。

3

加拉巴哥化的歷史認知是如何被一再強化的呢？

——以非黑即白的方式討論渾沌不明的真實情況的三大模式與四大修辭方式

為了維護這些與近代史有關的「假象」與「集體記憶」，永田町（日本政治核心之處）的部分政治人物捏造了各種言論。

簡單來說，這些狡辯的特徵就是「完全悖離事實的全貌，硬是將部分事實解釋成所有的事實」。換句話說，這些日本政客不過是從被打上馬賽克的事實之中斷章取義，利用部分符合他們需求的內容，談論事情的對錯。

之所以將「日本的政治人物」說成「永田町的政治人物」，是為了避免批判所有的日本人，以及這樣的描述才符合實情。在永田町與霞關（日本國會所在之處）之中，當然有許多誠實面對日韓問題的政治人物，不過本書為了方便說明，才選擇使用這種描述方式，還請各位見諒。在過去，某些教科書的內容或是政治人物的發言，都會讓兩國的關係陷入緊張。

不過，明明大部分的日本人不太關心糾結這麼久的歷史問題（我不敢說這樣是好的），但是有一部分的右派政治家卻不斷地推動歷史修正主義，所以才屢屢讓兩國的關係陷入緊繃。

此外，右派與保守派的差異在於前者屬於是非不分的民粹主義，後者則是重視傳統價值觀之餘，再慢慢進化的政治風格。忽略這些差異，硬是將純粹的右派與希望推動改革的保守派統稱為「保守派」，對於真正的保守派是件非常失禮的事情。

讓我們拉回話題吧。一如特殊物種在沒有天敵的離島生存時，整個族群會不斷地繁衍與壯大，如果不透過外部的觀點反省自己，那些催生內團體偏私的「偏頗言論」只會在自己與鄰國之間創造衝突而已。

如今網路上蔓延著「針對鄰國的仇恨病毒」，而為了替各位施打緊急預防針，要為各位解說那些加拉巴哥化的歷史認知，也就是那些「一聽到就要格外注意」的三大典型詭辯模式與四大修辭方式。

01 「以部分否定的方式否定整體」的模式

第一次接種的疫苗所要預防的是「以部分否定的方式否定整體」的模式。

以慰安婦問題為例，雖然慰安婦受害人的類型有很多種，但有不少人不顧受害人的感受，硬是拿少數的例子當藉口，宣稱「所有慰安婦都是妓女」。

在討論這個問題的時候，首先要問的是，慰安婦制度是如何出現的？

從《從軍慰安婦「正篇」、「續篇」》（1978年、千田夏光著、三一新書）一書之中，曾擔任本土決戰部隊參謀的日本軍人的證詞來看，當時的慰安婦都是由軍隊負責管理，而慰安婦制度也是為了避免日本軍人在出兵西伯利亞的時候，因為強姦婦女而感染性病，導致整體戰力下滑所建立。

從書中的證詞也可以得知，日軍的暴行，尤其是性暴力引起了當地居民的強烈反彈，而日軍為了躲開歐美對這些暴行的監控，便拜託對朝鮮總督府（其實是下達命令）幫忙，而朝鮮總督府則透過警察組織招募慰安婦的事實。曾於關東軍後方擔任參謀的原善四郎少佐就曾作證，自己曾為了招募慰安婦而前往朝鮮總督府總務局。

至於運送慰安婦的經營方式，有部分是由軍人直接負責，有些則是基於「由皇軍自行運送有失體面」這類理由而外包給民間業者，所以有些慰安婦是遭到朝鮮人的人口販子拐騙（有不少是不敢違逆朝鮮總督府的朝鮮人地方官），有些則是不受軍隊管制的私娼，慰安婦的類型才會這麼複雜。

若從被害者的證詞來看，有很多都是以為要去日本工廠上班，結果被送到戰地當慰安婦的例子。當美軍在緬甸調查日軍慰安婦的事件之後，也發現許多人都是在不知道工作內容的情況下，被人從朝鮮半島騙到緬甸。

此外，除了這種有組織性地將女性拐騙到戰地的例子之外，也有證人鉅細靡遺地提到，日軍除了會在戰地強徵慰安婦，有些日軍還會在對女性施暴之後殺害女性，還露出一副沾沾自喜的樣子（若是較親日的南方島嶼，則會在當地招募慰安婦，有些也是自願擔任慰安婦）。

有些在日本國內從事特種行業的女性則是為了得到更好的待遇而應徵慰安婦，其中有不少人都宣稱「希望為國獻身」（反觀在朝鮮半島通常都是透過強徵的方式招募）。

從這些資料與書籍來看，日軍的確在侵略中國的時候，不斷地虐殺與侵犯當地的女性，也可以發現慰安婦的待遇會隨著駐紮地而不同，有些慰安婦的對象是士官，有些則是士兵，有些慰安婦則會為了榮譽而從軍，因而與士兵發展成戀愛關係，過著快樂的生活（不過，這通常只侷限於日籍慰安婦），當時在戰場發生的各種事件都以當事人的證詞保留下來。

在眾多慰安婦之中，有些慰安婦的薪水的確比士兵還要高，還能將薪水寄回家裡（是說當時的士兵也不可能領到多高的薪水），有些慰安婦也因為償還了欠款而得以回國，但有些人卻死抓著這極少數的例子宣稱「所有的慰安婦都是簽了約的妓女」，這實在是過於悖離事實的主張。明明有許多慰安婦被當成奴隸對待，也有許多慰安婦只拿到「軍票」這種在戰爭結束之後形同廢紙的報酬。

此外，從這些資料或是書籍也可以發現，有些對朝鮮慰安婦動了憐憫之心的日籍慰安婦為了避免朝鮮慰安婦被迫集體自殺，決定幫助朝鮮慰安婦逃跑，或是在艱困的環境一起行動時，與日本軍人成為互相合作的同伴，以及在軍隊撤隊時，將朝鮮慰安婦送到日本的例子。

日軍在撤退時虐殺慰安婦的惡行以及戰爭結束後，在崎玉縣大宮市爆發的慰安婦殺人事件與其他慘不忍睹的事件，也都記載於這些資料或是書籍中。

將各種事實一概而論，全面否定於全世界存在的各種證據

儘管事實就像是萬花筒般複雜，那些企圖以部分否定的手法，全面否定那些性壓榨惡行的人還是會不斷地提出：「某位慰安婦的證詞一直變個不停」、「當時的徵人廣告提到了十分優渥的薪水」、「《朝日新聞》散播了謠言」等僅適用於局部事實的理由，硬是要將「所有慰安婦說成妓女」。

這類論點還包含「教科書上的徵用工照片有誤」、「銅像的模型有誤」、「真正的徵用工都很威風，都是充滿笑容地接受拍照」、「40% 的土地被強制徵收的數字從何而來？」這種枝微末節的爭論非常多。

不管這些企圖以部分否定全部的人多麼地努力，這些主張還是充滿矛盾。

這是因為即使是親日的台灣還是荷蘭、東南亞各國、中國以及其他位於朝鮮半島之外的國家，都有許多被日軍或日本警察逼良為娼的性奴隸，而這些被害人也不斷地要求日本政府道歉與補償。

不過，這種「以部分否定全部」的觀點對於那些不知實情以及對於那些狡辯之詞沒有半點免疫力的人卻非常有用。

因此，為了避免「以部分否定全部」的病毒繼續蔓延，接下來要為大家介紹「以部分否定全部」的四大修辭方式。

將所有的錯怪在部分媒體的誤報，藉此全盤否定的方式

企圖以部分否定全部的方式，否定慰安婦是被迫提供性服務的時候，通常會將一切的錯誤怪在「媒體的誤報」。

不過，世界各地都有相關的證詞，所以與日本國內的部分人士宣稱「都是《朝日新聞》誤報，才讓人以為慰安婦都是被強迫的」完全沒有關係。

比方說，荷蘭或台灣的慰安婦受害者真的有可能在購買《朝日新聞》之後，為了騙取大筆賠償金才做出偽證嗎？

不過那些企圖扭曲事實的人還是會主張「一切都是因為《朝日新聞》的誤報在韓國散播」或是「吉田清治的證詞雖然有問題，但是這份證詞廣為流傳才是真正的原因」，將一切怪罪在「媒體的誤報」或是「莫名其妙的結論」。

順帶一提，因為寫了「所有慰安婦都是妓女」這篇論文而遭受各界抨擊的美國哈佛大學教

授萊姆塞爾（John Mark Ramseyer）也認為「吉田清治的證詞純屬個人意見」，但這是基本的謬誤。

問題的本質在於慰安婦在當時待在極為惡劣的環境被迫提供性服務這點，而關於這點，已有許多與《朝日新聞》的報導或是「吉田清治的證詞」無關的具名證詞出版。比方說，只要在網路搜尋「松本榮好」，就會找到描述前日本軍在中國強擄民女施暴，並且在被施暴的女性奄奄一息之際替換成健康的女性，以及日軍對此惡行沒有半點罪惡感的影片（BBC 的採訪）。

此外，前面提到的千田夏光的著作也比「吉田證詞」或「《朝日新聞》的報導」還要早出版，在這些著作提到了須田敏雄這位前日軍軍人坦白自己曾強擄慰安婦的事實，也提到了由當時軍醫所寫的麻生報告（麻生徹男軍醫的報告），這份報告提到「日本慰安婦的年齡偏高，所以年輕的朝鮮女性較適合做為慰安婦」的內容，從這些軍人的自白或是軍醫的報告，應該能一窺軍隊在當時直接或間接參與慰安婦制度的實際情況。

與兩個悲劇有關的相關性？

不過，右派評論家與右派媒體一邊引用這些證詞或是資料，一邊不斷地予以否定。

比方說，拓殖大學教授吳善花便從與上智大學名譽教授渡部昇一的對談紀錄《日本與韓國無法和解：「贖罪」與「幻想」的脫勾》（PHP 研究所）引用了在這個圈圈大家耳熟能詳的

《產經新聞》的報導，以「在千田夏光的著作之中提到的麻生報告並非徵召朝鮮慰安婦的原因。修正這段內容的修訂本未能出版，所以關於慰安婦的錯誤記述也未能修正」為由，批評千田夏光的著作。

在我讀過千田夏光的著作、《產經新聞》的報導與麻生家人的抗議之後，我的結論就是，千田夏光的著作是根據多位軍人證詞寫成，所以這本著作的價值無可動搖。

不過，我也隱約感受到，有些人覺得當時的被害者與加害者所提供的一級資訊不符合政治正確，所以對這些資訊吹毛求疵，企圖讓整本著作被貼上「都是不足採信的杜撰內容」的標籤。順帶一提，渡部昇一主張「在南京大屠殺之中，沒有一位受害者是平民」，這與俄羅斯對烏克蘭的主張幾乎是一模一樣，但是又為什麼能如此肯定沒有半位受害者是平民呢？

其實全世界有許多遭受日軍殘害的證詞或證據，比方說香港屠殺、新加坡屠殺、越南屠殺、菲律賓屠殺、平頂山事件、堤岩里教會事件，這不禁讓我想請教這位渡部昇一教授，對這些數不盡的歷史資料有何見解。

此外，因為進行人體實驗造成數千名犧牲者而惡名昭彰的滿洲第七三一部隊在撤退之際，為了湮滅證據，殺害了幾百名被他們稱為「丸太」（圓木）的中國人與朝鮮人（包含女性與小孩），還以汽油焚燒這些人的屍體，而這些惡行都已得到部隊核心成員證實，相關的證詞也以語音記錄的方式留存。關於這些證據，渡部昇一教授又會如何說明呢？（搜尋「NHK 特輯 731部隊的真面目～菁英醫學家與人體實驗」就能從 NHK 的網站一窺當時的情況，還請大家務必參考看看）。

我猜想，這些人就算看到這些證據，恐怕只會以「這些都是在戰後接受GHQ思想教育之下的產物」這種聽到耳朵都快長繭的話術搪塞而已。

＝宣稱「國內國外都無法確定被害者人數」的模式

其實有很多人不認為「被害者的人數為零」，但是他們卻主張「沒人知道慰安婦的正確人數有多少」或是「南京大屠殺的被害者人數缺乏確切的證據」，故意混淆視聽，謊稱沒有所謂的真相。

比方說，早期的教科書會提到松代大本營地下壕遺跡這個足以證明當時曾有朝鮮人被強擄的證據，但是上述的這些人卻針對說明日軍強擄朝鮮人的銘板提出「不是所有人都被強行擄走」的主張，導致銘板上面的「強制」兩字被貼上白色膠帶，或是換成「據說是被強迫的」這類說明。

此外，原本東京都知事都會對關東大地震朝鮮人虐殺事件追悼典禮致上追悼文，但是自民黨右派都議會議員（時任）古賀俊昭卻以「無法確定被害者人數」為由，檢討這篇追悼文，於此同時，廣受右派份子支持的小池百合子都知事也因此不再送上追悼文。

這與否定納粹大屠殺的人以質疑被害人數高達六百萬人的推論根據，企圖否定與抹滅納粹大屠殺這段歷史的做法，在本質上是完全一致的。

順帶一提，千田夏光的《從軍慰安婦「續篇」》也提到，慰安婦的人數是根據關東軍特別大演習動員計畫所推論，簡單來說，就是以一名慰安婦要服務多少位軍人的方式進行推論（一般認為，當時的士兵共有七十萬人，所以需要動員兩萬名慰安婦，這與前線軍人及隨軍人員總動員人數為三百五十萬人的數字吻合），任何推估值都會有誤差，但這不也是理所當然的嗎？

如果真的要以懷疑推估值是否精準的方式否定慰安婦的存在，那麼常於企業界實施的費米推論，也就是以極少的資訊推估數量的推論方式恐怕都是白費工夫吧。

III 「未發現官方文件」的模式

第三種典型的詭辯模式就是聲稱「沒有發現任何足以證明強制性的文件」。

比方說，否定猶太人曾被納粹屠殺的新納粹主義者就主張「從來沒找到希特勒下令屠殺猶太人的署名文件」。

在納粹設立的集中營之中，有一支由猶太人組成的特遣隊，這支特遣隊被迫協助納粹，殘害自己的同胞或是處理同胞的屍體，事後雖然有一些特遣隊成員得以倖存，也做出了相關的證詞，但這些新納粹主義者卻還是一口咬定「沒有官方文件，所以這些人的證詞都是謊言」。

老實說，這些足以證明戰爭罪的官方文件通常都會在軍隊敗退之際被燒毀。

此外，不值得信賴的公文也不在少數。比方說，大家應該都還記得前陣子財務省幹部下令竄改文件（森友學園案件）的例子吧。

大家都知道，這些不符合政治正確的紀錄不是報廢，就是會有多處塗黑，只能揭露部分資訊。尤其在資訊透明度不值一提的戰時與戰後，又有多少公文被報廢或竄改呢？

當設置慰安所的官方文件於防衛廳防衛研究所圖書館出現後，這些人又會開始轉移焦點。具體來說，這些人會將焦點轉移到必須同時滿足多重條件的事例，例如他們會提出「①在政府調查的過程中有沒有發現②足以證明軍方或是政府單位曾③直接進行④組織性的⑤強擄行為的⑥文件或證據」這類主張。

不過，做為「最終行為者」的軍隊間接委託朝鮮總督府，而受到朝鮮總督府委託的民間業者以「工作待遇優渥」為藉口，將女性騙到戰地當慰安婦的這種做法，軍隊與政府恐怕難辭其咎吧？此外，就算強擄民女不是組織性的行為，只是低階士兵的個人行為，難道就能以一句「這純粹是士兵個人的暴行，軍隊高層並未下令強擄民女為慰安婦」正當化那些強擄行為嗎？

假設自己的老婆或女兒因為「工作待遇很棒」而接受外國的「招募」，並在抵達當地之後，每天被該國士兵性侵，那麼就算當下收到了軍票這種報酬，你真的能夠接受「找不到政府直接下令強徵慰安婦的官方文件或證據」這種說詞嗎？

想必大家已經發現，當這些人不斷地「轉移焦點」，與國際的人權價值觀也越離越遠。

不過，當你這麼說，這些人又會像是鬼打牆般，以「以現在的價值觀判斷當時的問題並不公平」這種似是而非的言論反駁。

IV 以假設否定過去的模式——「當時不可能大規模強擄民女」這種只憑想像否定事實的手法

寫到這裡，我也覺得自己真是夠了，我覺得自己明明是個開朗的生意人，卻不知不覺變成執著於歷史爭論的大叔。

即使如此，最後還是要介紹第四種否定模式，那就是「那些事情純屬想像，從來沒發生過」的手法。

「要是真的有強徵慰安婦的事件，當時的朝鮮男性怎麼可能坐視不理。之所以一直主張是強徵，是因為對韓國男性來說，沒辦法保護自己的女人是種恥辱」

有些人就是以這種假設的方式否定事實。

不過，過去可是有幾百萬名猶太人因為聽信「這次的移送只是移居，到了集中營工作就能重獲自由」的謊言而被送進集中營。我曾經去波蘭的克拉科夫參觀奧斯威辛集中營，集中營的門口掛著「ARBEIT MACHT FREI ＝只要工作就得以自由」的門牌。

前面提過，大部分的慰安婦受害者曾經證實自己是因為聽信「工作待遇優渥」才應徵，結果到了當地淪為慰安婦。

此外，也有報告指出，日軍從「當地徵召慰安婦」的時候，許多丈夫都為了保護自己的妻子而抵抗，結果都被日軍殺害。

在此雖然不多談這些證詞的細節，但大家只要以「日軍證詞 虐殺」這類關鍵字在Google或YouTube搜尋，就會看到許多加害者與被害者的證詞，而這些證詞絕對不會出現在歷史教科書裡面，在我變身成完全體的「歷史宅」之前（雖然我早就被別人說成是徹頭徹尾的歷史宅）我想進入下一個主題。

不過，明明這些事情與本質無關，卻還是有些人硬要說「根本沒有可以證明所有人是被軍隊強徵的證據」，不斷地企圖以部分否定全部，即使如此，事實的全貌也不會改變的。

02 「以部分肯定全部」的模式

前面這段內容真的是又臭又長，很感謝各位願意讀到這裡。大家可以先休息一下再繼續閱讀。順帶一提，前面提到的李方子妃所製作的陶瓷茶器，居然可在網路買得到，大家可以在品茶的時候，買來試看看。此外，從沈壽官窯的網站也能找到很棒的黑薩摩茶碗，說不定還有機會與貴重的御前黑茶碗邂逅。

出版《世界一流菁英的77個最強工作法》時，我曾提到「一天的三分之一的時間都在睡覺，所以優質的床很重要」。不過書出版之後，我才發現「人一生中，最常就口的是茶器」，也因此深深愛上粉紅色的志野燒或是朝鮮青瓷與白瓷。如今已到達「使用喜歡的茶器喝茶，一整天都很開心」的境地。接下來要替大家接種第二次疫苗，避免大家在研讀日韓歷史問題之際，感染「仇恨病毒」。

前面提過，在討論歷史問題之際，有所謂的三大討論模式，而第二種就是「以部分肯定全部」的模式。

只看一部分的話，會覺得是「美談」……

「因為在日俄戰爭獲得勝利，讓有色人種獲得了獨立的勇氣」、「日軍進入帛琉後，比之前的歐美殖民者更受歡迎」、「日軍戰敗後，還是在印尼作戰，幫助印尼獨立（如果回國就會被處罰的日軍與想要對抗荷蘭的印尼站在同一陣線，利害關係一致的例子）」這類言論也滲透了每個角落。

此外，有些人則主張，雖然戰時的報紙提到「軍隊主動避免強徵慰安婦」的報導，但其實「軍隊是為了保護慰安婦才介入」，企圖合理化軍隊的介入。當時的報紙當然都是美化政府與軍隊的政治宣傳工具。

除此之外，還會特別介紹幫助猶太人脫離納粹魔掌的日本人。這位日本人的確很了不起，但他應該是完全忘記日本是納粹在第二次世界大戰為數不多的同盟國。

然後這些人在收集當時為了合理化殖民統治的政治宣傳資料之後，便宣稱：「這些學校教育的照片、市民的證詞與新聞報導便是證據！」（這與北韓政府推出的「繁榮的平壤」、「豪華的建築」、「尊敬將軍的市民大眾」這類影片豈不是如出一轍嗎？）

全世界的「親日國家」也保留了難以否認與抹滅的大量證據

不過，由這些歷史佳話拼湊而成的「歷史認知特別編輯版」無法說服國際，終究只是白忙一場。在這些歷史佳話之中，也包含以身為「大日本帝國臣民」為榮，不惜為日本戰死的朝鮮人士兵。

不過，想要一邊處死多位抗日獨立運動家，一邊又將這種少數的例子形容成「日本人與朝鮮人是同心作戰的夥伴，這場戰爭也是為了解放亞洲的聖戰」一般的狀況，實在很牽強。

由於這段歷史長達幾十年之久，而且牽扯了幾十萬、甚至是幾百萬人的歷史，所以當然會有完全日本化的朝鮮人，也當然會有受到陸軍或海軍「讚許」的例子。

但是，這種肯定部分的手法，也無法讓人忽視那一座座矗立於朝鮮半島、香港、新加坡、菲律賓、中國與台灣的日本陸軍無差別屠殺追悼碑或是紀念館。

完全不讓日本的後代子孫了解這段史實，真的能幫助後代的日本人與這些國家或是地區的人正常交流嗎？這樣的教育方式又真的適當嗎？

順帶一提，那些右派政治家常以「向為國捐軀的英靈致意，是身為一國領導者理所當然的作為」這種藉口參拜靖國神社，如果單就這個藉口而論，這的確是再正確不過的主張。

不過，這種主張刻意迴避其他重要的論點，比方說，被侵略與蹂躪的國家會如何看待參拜靖國神社這件事，那些被迫參加戰爭的日本人又怎麼想？以及與周邊國家恢復建交時的共識（比方說，在中日恢復建交時，日本就以部分的日本人也是被軍方高層煽動的受害者為藉口）。我不禁覺得那些政客其實看不起社會大眾，總覺得「反正愚昧的社會大眾只會記得簡短有力的文案，只要一直以類似『南無阿彌陀佛』這種文案催眠他們，就能騙到選票」。

忽略目的與前因後果的部分肯定

——是為了誰推動近代化？

此外「部分肯定→全體肯定的模式」還有變奏版，那就是「藉著忽略目的與前因後果的部分肯定，肯定整體的模式」，而這種模式正於網路上蔓延。

在這種模式之中，最具感染力的莫過於「反正韓國也因此成功近代化了啊」的說法。

比方說，在日本殖民朝鮮半島之後，朝鮮半島奠定了近代化的基礎，人口也不斷增加，所以才有現在的繁榮。這種說法在進入網路時代之後急速蔓延。

但實情是，一九六〇年代的韓國人均 GDP 是低於非洲各國的最窮國家的水準，之所以推動近代化，全是為了方便統治者壓榨。

此外，人口之所以急速增加，是因為全世界的嬰兒死亡率下降。比方說，受英國殖民的印度也同樣人口急速增加，連實施南非種族隔離政策的南非人口也增加了好幾倍。

若要說得更清楚一點，那就是養豬或養雞的人，就算看到豬或雞的數量大增，也不會說是「為了豬或雞擁有更好的生活而統治牠們」對吧？

這裡的重點難道不是「當時的經濟成長到底是為了誰？以及為了什麼目的」嗎？比方說，如果無視日本明明是為了實施皇民化政策（日本於戰時對佔領地區實施的日本化政策）而於殖民地加強學校教育，只肯定「學校教育普及」這個部分的話，我只能說這是加拉巴哥化的歷史認知。同樣地，也不能只將重點放在稻米產量大增這個事實，因為在稻米產量大增的背後，有許多人因為農地被奪走而淪為貧農，導致許多殖民地的人民沒有足夠的白米裹腹。

這些事實並非當時還沒出生的「反日種族主義」的筆者的想像，只要搜尋曾在朝鮮總督府工作的久間健一所著的《朝鮮農政課題》（成美堂），應該就能了解當時的情況。

在此先向大家道歉，前面這段內容實在太長了。

不過，這都是為了避免肩負未來的新生代在今後「與仇恨相處」的時代，被「新種仇恨病毒」感染所打的疫苗與追加劑。這部分的內容只剩四頁，希望大家願意繼續讀下去。

造成對方不悅的「自發性角色扮演」

宣稱一切都是「韓國人自願的結果」

最後要補充的第三種典型詭辯模式，就是「一切都是韓國人自願的結果」，這種來自永田町的發言往往會惹毛韓國人。

言下之意，就是將一切說成「都是韓國人自己造成的」。

在日本推行殖民統治之際，傷害韓國與朝鮮人最深的政策為奪走語言的「禁用朝鮮語」，以及奪走姓名，讓韓國人失去儒教文化之中，最重要的慎終追遠的概念，與祖先斷了淵源的「創氏改名」，或是強迫韓國人「改信神道」。

近年來，越來越多人為此大罵「這都是反日勢力散播的謠言」、「當時明明還有韓語教育以及韓語報紙」。

■ 一九一九年三一獨立運動之前的武斷政治時代（以武力推行政策的時代）

■ 之後短暫存續的文化政治時代

■ 滿州事變之後，中日戰爭爆發，皇民化政策這類同化政策的力道變強的一九三〇年代之後

明明朝鮮半島的殖民地政策在上述的三段時期截然不同，這些人卻將這三段時期的殖民地政策混為一談。此外，《誰都沒提及的日韓合併真相》（豐田隆雄著、彩圖社）也提到，在一九三九年創氏改名之前，其實也有朝鮮人希望改成日本名字，但那是因為在一九三〇年代初期，有些朝鮮人在滿州與當地的中國人有些衝突，所以才希望改成日本姓名。

這些零星的例子完全無法與推行創氏改名，強迫朝鮮人改成日本姓名的緣由或規模相提並論。朝鮮人從軍的例子也是一樣，有些朝鮮人是因為沒工作而自願從軍，但有很多朝鮮人卻是因為每個村莊被迫提供一定數量的男丁，所以不得不從軍。

之所以有些時候會出現從軍人數多於軍隊招募人數，是因為負責募兵的人想為自己搶功勞，或是不主動從軍也會被強迫徵召。

若想知道當時的身分歧視、掠奪剝削、虐待、同化政策有多麼嚴重，請不要參考由作家創作的作品或是網路報導，而是參考大正民主潮功臣吉野作造或是現代朝鮮史知名研究者兼東京大學名譽教授和田春樹的論文。

沒有國家會主動讓出國家

到底日本人還要等多久才肯放下朝鮮人都是自願當慰安婦、自願從軍、自願在危險的礦坑獻出生命、自願改成日本姓名、自願說日文這些於一百多年前出現，讓人聽不下去的「違心之論」呢？

雖然日韓合併條約寫著「大韓帝國皇帝有鑑於情勢危急，決定永遠將統治權讓給天皇陛下」的內容，但是，到底有哪個國家的統治者會有「最近這個國家好難治理，乾脆讓給鄰國統治好了」的想法呢？姑且不論被這些話術煽動的社會大眾，那些在一旁煽風點火的政客肯定知道事實，卻還是故意打著愛國的旗誌謀取私利。

為什麼日本在戰後的態度與德國截然不同呢？

最後，讓我們一起思考，為什麼這種「毫無反省之意的集體記憶」會於日本存續這麼久。

如果將視線轉向其他國家，就會發現德國與日本完全不同，在戰後立刻尋求與法國、英國、蘇聯這些鄰近國家和解，此外，也實施「去納粹化」的轉型正義運動，不准任何納粹份子擔任政治職務（包含司法部或其他政府機關的行政職員），以杜絕納粹死灰復燃的可能性。

除此之外，猶太人也在全世界各國追究納粹德國的責任。雖然德國國內有些人還是企圖正當化過去的所做所為，但德國還是透過立法的方式，將新納粹主義以及對過去那些暴行的肯定視為違法，透過法律制度進行反省與謝罪。雖然耗費了許多時間，但總算能對曾經侵略的波蘭以及非洲那些前殖民地謝罪。反觀日本為了戰後復興國家，不願與中國或韓國達成和解。由於國土不會被分割，所以日本也不需要為了統一國土而與鄰近各國建立互信互助的關係。

對當時的日本人來說，真正重要的是得到在東亞尋求反共（反共產主義）夥伴的美國支持與右派組織票。

此外，在戰前與戰後掌握日本政權的都是同一批人，所以謝罪這一塊都是口惠而實不至，沒能像德國那樣立法與建立制度，真正形成制度的反而是「愛國教育」這一塊。

由此可知，「戰後鄰近各國的實力差異」×「是否為同一批人掌權」×「是否為了反省與謝罪建立制度」都讓日本與德國在戰後的態度截然不同，也造就了完全不同的集體記憶。

4 該怎麼做才能察覺自己的偏見與內團體偏私
——二十幾歲、三十幾歲、四十幾歲的「全球化在日韓國人」從歷史認知變遷得到的教訓

話說回來，該怎麼擺脫約一百～一百五十年前，在明治時代到昭和初期誕生的那些違心之論以及強烈的內團體偏私，培養應有的歷史素養與國際觀呢？

正因為史觀與國家認同環環相扣，所以不會出現劇烈的變動。此外，於國內普及的史觀也無法擺脫政治壓力或是內團體偏私。

所以，不要期待國與國達成和解，或是期待政府做出另一番見解，也不要期待學校教育能有什麼改變，而是要讓自己的視野轉向全世界，一邊經歷認知不協調造成的痛苦，一邊慢慢地接受新的認知與自我認同。

因此接下來要介紹我本身歷史認知的改變歷程，但願能為各位帶來一些幫助。

歷史認知階段1　孩提時代的排斥感

在孩提時代到二十幾歲這段期間，我很排斥日本的歷史教育。這種心情並非源自在韓國的歷史課學到的二級、三級資訊，而是源自日常生活的體驗。也絕對與右派份子散播的那些檯面上的知識無關，我不是因為「從自虐史觀的教科書學到了松代大本營或是強徵慰安婦的事情」才排斥日本的歷史教育。

話說回來，日本教科書的內容貧乏到讓我不禁懷疑「怎麼什麼都沒教」的地步。若問我為什麼討厭日本的歷史教育，一方面是聽到父母或是祖父母那一代過得多麼辛苦，以及遭受了多麼嚴重的歧視，另一方面則是即使已經到了我這個在日韓國人第三代的時代，還是有不少日本小孩會以充滿汙辱性的字眼稱呼在日韓國人。

自幼感受的社會氛圍，以及父母親不願向日本社會認輸的自尊心，都形塑了我的人格。即使如此，當我親眼目睹歷史修正主義有關的運動之後，年幼的我便覺得「為什麼那些不知道當事人被傷得多重的人，會以那些臨時抱佛腳的知識撬開當事人的傷口，還在傷口上面抹鹽呢？」也因此氣憤不已。

在此插個題外話。花式滑冰選手羽生結弦在冬季奧運時提到「心中那個九歲的自己說『飛吧』」，所以他才挑戰三圈半轉跳與四圈半轉跳。

寫這本書的我，心中也有個九歲的自己，叫我寫出剛剛解說的三大模式與四大修辭學。

看到那些沒有半點同理心的評論家、政客、教育者以高高在上的態度，評論日韓關係的樣子，真的讓我覺得很不舒服。

歷史認知階段 2　不是只有某個國家的錯

長大成人之後，我便發現，日本固然有錯，但絕對不是只有日本有錯。到了三十歲左右，我的見識變得更加寬廣了。尤其當我移居至香港，也能在中國聽到新聞之後，就聽到許多對美國的批評，視野也因此變得開闊。

在日本推行殖民地統治的時候，歐美列強也陸續在非洲、南美與亞洲殖民。我也開始覺得，當時的日本政府一定也會希望增加殖民地，才能與歐美列強分庭抗禮（就算那些殘暴的行為不被允許）。

此外，當時的日本政府看到中英之間的鴉片戰爭，以及歐洲列強對印尼的侵略之後，一定會有一些人覺得「繼中國與朝鮮半島之後，日本也會變成列強口中的獵物」。老實說，如果當時歐美這些帝國主義的國家沒有侵略亞洲，當時的日本應該也不會侵略朝鮮。

若將地圖倒過來，從中國大陸望向日本的話，就會發現朝鮮半島就是兩者之間的緩衝地帶，日本也不會突然被中國、蒙古與女真族侵略。想必當時的日本政府也覺得，一旦這些地方被俄羅斯拿下，接下來就輪到日本曝露在威脅之中。

但是再怎麼說，日本突然侵略鄰國都是不義之舉。因此才會出現「自神功皇后三韓征伐之後，朝鮮半島就是我們的土地」、「朝鮮人期待與日本合併」、「朝鮮人是低等民族，需要高等的我們帶領」這類政治宣傳。

侵略亞洲是為了對抗歐美

日本的侵略的確對亞洲各國造成了莫大的傷害，但是從東京審判（The International Military Tribunal for the Far East）的內容來看，也不難明白日本對英美兩國不滿的理由。日本的不滿就是「明明歐美列強先侵略了中國、印度、東南亞與世界各國，為什麼只有日本要因為侵略而被審判呢？」日本的確侵略了朝鮮半島與中國，但相對於英美，日本的侵略也是情有可原不是嗎？

順帶一提，有部分的日本人將日本所有的侵略都解釋成自衛，比方說，將豐臣秀吉對朝鮮的侵略解釋成「為了阻擋西班牙入侵的自衛」，或是將近代對亞洲的侵略解釋成「阻止歐美入侵的自衛」（所以軍隊才命名為自衛隊嗎？）

話說回來，古今中外的侵略戰爭也都打著收復失地或自衛的旗誌。就像普丁攻打烏克蘭（其實有不少住在外國的俄羅斯朋友都反對攻打烏克蘭，所以不寫俄羅斯，只寫普丁）一樣，也都是聲稱「為了維持和平才派遣軍隊」、「許多烏克蘭人都歡迎俄羅斯的軍隊」。

日本對亞洲各國發動的戰爭到底是侵略還是自衛，其實不證自明吧。

不管是十六世紀還是二十世紀的戰爭，所有的戰爭都是在外國的土地進行。而且最後雖然都是戰敗，戰後卻得以享受和平與經濟成長的果實。

歷史認知階段3　在了解全世界相似的案例與人類的本質之後，培養了應有的素養

到了四十歲之後，我的歷史認知便進入第三階段。也就是不再將日軍於戰時的行為，以及企圖合理化這些行為的運動視為卑劣之舉，而是明白有史以來，每個國家都有這些不願提及的黑歷史。這是當我在INSEAD（歐洲工商管理學院）留學，人脈拓展至一百多個國家，與世界各地的朋友討論戰爭以及與戰爭相關的教育之後才有的體悟。

不管是哪個國家，都會出現新的中央集權政權，一旦國家強盛，鄰國變弱，就會趁隙發動戰爭。此外，這些戰爭通常是為了撫平國內的不滿，讓內部的壓力外部化，戰爭結束後，雙方也都會不斷地透過政治宣傳工具合理化戰爭。

比方說，美國的國土就是在清教徒以「西部開拓」之名，闖入美洲原住民的居住地之後才慢慢擴張的。不過，若從美洲原住民的角度來看，所謂的「西部開拓」不過是一連串的侵略與虐殺而已。

我也聽過伊斯蘭極端教派的信徒認為進行自殺炸彈攻擊，就可以上天堂的例子，其實就在不遠的過去，我們的社會也發生過類似的事件。

以二〇二二年的案例而言，普丁總統就曾針對侵略烏克蘭一事提出「是對方先發砲攻擊」（儘管後來被發現是自導自演）、「烏克蘭被新納粹主義的人佔領，所以為了維持和平才派遣軍隊，解放烏克蘭」、「網路上有許多偽造圖片與合成的影片流傳」、「烏克蘭人歡迎俄羅斯的軍隊、」、「俄羅斯將盡最大的努力，維護人道主義」、「一切都是為了自衛而戰」這類說明，但這些詭辯並不新鮮，想必大家也聽過一樣的藉口對吧。

不管是美國入侵伊拉克還是日軍入侵亞洲，美國與日本政府都曾做出類似的聲明。這簡直已經形成一套「理論」，而古今中外的侵略者都是依循這套理論，正當化自己的所做所為。

順帶一提，向普丁政權提出抗議的俄羅斯人都在俄羅斯被打壓為「背叛者」。

說到底，不管是哪個國家、哪個地區，政治高層都會以相同的詭辯解釋戰爭，被煽動情緒的大眾對於戰爭的反應也都一樣。就算一切真如親俄的中國媒體所述，美國主導的 NATO 往東邊擴張，以及烏克蘭的極端派民兵殘殺親俄派烏克蘭國民，卻沒受到任何懲罰，普丁政權對烏克蘭的侵略還是越過了紅線。

像這樣回顧人類的歷史，便會發現與其學習歷史，對某個國家氣得跳腳，了解「人類在特定狀況之下，通常會如何反應」這些人類的劣根性（自私自利、凶暴、殘忍），更能從歷史學到一些東西，以及培養相關的素養。

如此一來，就會更明白於每個國家推廣的歷史認知都是為了合理化過去與現在的內容。

拓展視野的歷史素養，以及讓視野變得狹窄的歷史妄想有何不同？

如果學習歷史只是為了強化偏頗的集團認同，知道「自己的祖先好棒棒！」其實閱讀「右派歷史作家的小說」就能達成目的了。

不過，若想在兼顧集團認同也同時「拓展視野與了解人類歷史的本質」，就應該壓低身段，試著從他國的角度看自己國家的歷史。

本書的開頭也提到希望幫助大家培養歷史素養與國際觀這個主題。話說回來，學習這類符合國際觀的歷史，以及學習那些為了強化妄想與偏見的歷史，又有哪些地方不一樣呢？

簡單來說，能否拓展視野，洞察「人類本質」以及「透過過去的教訓形塑人格」是兩者重要的分水嶺。

如果只是表面看起來像是在學習歷史，實質上是強化內團體偏私，因而讓視野變得狹窄，以及沒日沒夜地在網路上貶低他人人格的話，與那些為了累積素養而學習歷史的行為，可說是相去甚遠。

我們必須知道，所謂的歷史教育本來就會被政治干擾，我們的視野也會因為「集團認同」而變得狹窄。所以我們每個人才要主動從自己國家與外國的觀點眺望全貌，否則就無法培養所謂的國際觀。

由於日韓之間的歷史長達兩千年，所以在學校或是教科書學到的內容，不過是整體的冰山一角。只有以日韓雙方的觀點主動學習韓國的歷史，主動了解這個與日本交流最久的國家，才能加深相關的歷史素養。

5 試著將日韓關係長達兩千年的歷史整理成十大重點

——從內團體偏私的 HIS STORY 到國際觀的 OUR STORY

在經過漫長的道路之後，本書總算來到最後一個轉角或說是單元吧。

以「傳說中，頗受歡迎的韓國人」這個身份，擔任 TBS 熱門節目《這裡很奇怪耶，日本人》（ここがヘンだよ日本人）的來賓時，我才二十二歲。

但是當年齡來到二十二歲的一倍，也就是四十四歲之後，我越來越覺得真誠領導（Authentic Leadership）很重要。

那些打從內心相信的事情、重視的事情、持續做想做的事情，將會讓你活出自我，讓你覺得自己是「正牌貨」（Authentic）。

若從這點來看，本書正是我灌注所有心力撰寫的心血結晶。

雖然忝活了一把年紀，至今仍未對日韓關係做出實質的貢獻，但我是抱著「這將是我最重要的社會貢獻」的心情撰寫本書。

最後要介紹的是，於本書開頭所述的主題，也就是到底該怎麼做，才能一起描繪全新的歷史故事與遠景，而且能被日韓兩國那些想法靈活的年輕族群所接受。

雖然接下來這句話聽起來似乎與本書開頭所述的內容背道而馳，但是不改變遠景，歷史認知就不會改變，而當歷史認知有所改變，遠景也將跟著改變。

就這層意義來看，集體記憶將與未來、遠景動態交融，創新全新的現實。話說回來，我們又該以什麼樣的遠景與心態，將兩國之間的集體記憶傳遞給下個世代呢？

集體記憶的本質與源頭

——人忘不了那些被傷害過的事

在此，讓我們先進一步了解何謂集體記憶。

先前也提過，即使將範圍縮小至日本國內，福島縣的部分地區（會津）與山口縣（長州）之間，存在著理都理不清的糾葛。即使到了現代，偶爾還是會聽到這兩縣的人因為出生地而結不成婚的事情，這是因為在明治維新戊辰戰爭之際，會津藩與做為新政府軍主力的長州藩之間爆發了慘烈的戰爭，其故事代代相傳至今的緣故。

如果長州與會津的人沒學過戊辰戰爭之際的歷史，應該就不會覺得彼此是世仇吧。

不過，所謂的集體記憶就是會像這樣跨越世代，不斷傳承，也會形塑所謂的集體認同。尤其在集體記憶包含了白虎隊或女性的集體自殺這類悲慘的歷史時，影響力將更為鮮明。

即使是在傾向不執著於過去的日本，這些悲劇在經過不斷地傳承之下，也會形成所謂的歷史情結，造成前述那種兩縣之間的對立。

這與沖繩人反戰，廣島人與長崎人反核是同樣的道理。即使現代的沖繩人、廣島人與長崎人未曾親身經歷過去的事件，集體記憶也會讓他們不由自主地反戰與反核。

若將注意力轉回日本與朝鮮半島的歷史，就會發現韓國這邊從古代開始，就覺得自己比日本優越，也會歧視日本（有時候甚至將日本稱為「禽獸之國」）。

明明一直以來，這種優越感與歧視都存在，沒想到韓國卻被倭寇侵擾，以及因為壬辰戰爭（豐臣秀吉出兵朝鮮的戰爭）而受到極大的傷害，甚至還在二十世紀的時候被迫接受異族統治，這也在集體記憶留下了難以抹滅的巨大汙點。

這段集體記憶也包含了從軍慰安婦這類極具象徵性的悲劇，所以韓國人要的不是日本政客徒具形式的道歉或談話，而是希望日本的政治家能真心謝罪。

可惜的是，許多永田町的政客只會一直對重視道歉是否發自內心的韓國說「原子彈讓戰爭提早終結，許多性命也因此獲救」這類不痛不癢的場面話。

更糟的是，這些政客還一直發表「日本從未被投擲原子彈」或是「日本人也渴望被原子彈轟炸」的言論。

不會知道那些歷史是否被合理化

一如本書所述，日本有許多合理化殖民地統治的話術，例如「韓國人也渴望日韓合併，日韓合併的條約也得到國際社會的承認，所以一切合法」這種明治時代的詭辯，以及在第二章提到的在奈良時代捏造的「三韓征伐」神話，或是於殖民地時代開始深植日本人內心的「對韓優越感」。此外，日本的右派份子甚至將韓國視為眼中釘、肉中刺，因為「神聖的皇軍」、「解放亞洲的日本」這些話術全部都會被身為當事者的韓國所推翻。

因此這些右派份子才要給韓國貼上「全部都是反日勢力為了貶低日本說的謊」、「朝鮮人是墮落的低等蠻族，對日本做了很多壞事」這些標籤，或是透過政治宣傳的方式歧視韓國，並強化與合理化這些歧視。

其實這與我們對別人做了自己也討厭的事情之後，會因為後悔而反過來對對方生氣，試著合理化自己的行為有著相似之處。

我們身邊也發生了類似的事情。比方說跟小孩或是孫子聊到家族史或是祖先的事情時，應該都不會提到：

「其實爸爸是昭和的欠債大王……」

「爺爺曾經當了好久的兵……」

「曾祖父曾是可怕的殺人犯……」

史。

「其實奶奶曾因為持有大麻被逮捕……」

這類「絕對不會向小孩或孫子提到的黑歷史」，國家當然也不會提及國家過去不光榮的歷史。

小中華思想圈的國家互爭話語權？

——小中華思想VS神功皇后神話。差不多該拋棄「小中華料理」了吧？

在日本國內，有一部分的日本人為了壓倒韓國與搶得話語權，散佈了「朝鮮半島曾是中國屬國」的言論。為了否定受到該國的影響，抹滅了百濟或高麗這類地名，也將來自新羅的人稱為白木，或是將韓改寫為唐。

不過，近代的殖民地統治與近代冊封制度卻不一樣。如果無法了解這個差異，就有可能產生「所謂的日韓合併，不過是韓國的統治者從中國換成日本的事件而已」的天大誤會。

所謂的冊封是接受外交上的上下關係，以每年的朝貢換得獨立而穩定的內政，以及維持兩國之間的貿易。

比方說，若從中國的角度來看，於五世紀向中國派遣使者的倭國是向中國朝貢、接受中國冊封的國家，但倭國還是獨立的國家。

雖然室町幕府的足利政權對明朝的皇帝自稱為「臣」，也接受明朝的冊封，成為日本國王，進行了所謂的朝貢貿易，但大家應該都知道，這與被中國統治完全是兩碼子事。

基本上，朝鮮的內政也是獨立的，被侵略也會反擊，比方說，隋於高句麗遠征大敗之後滅亡，唐也被新羅所擊退。

之後，與其說朝鮮半島的人民歸順中國人，不如說是對統治中國人（漢族）的北方民族順服，例如高麗臣服於元朝，朝鮮臣服於清朝，但除了被蒙古統治的那段時期，基本上朝鮮半島的王朝或是國家都保有內政與文化上的獨立＊。

由於日本與朝鮮都採用了唐朝的制度，所以才會萌生所謂的小中華思想。話說回來，日本與朝鮮都比中原（中國華北平原一帶）的王朝弱小，所以日韓之間的競爭也越來越激烈，每當日本或是朝鮮半島派來使者，都會以「接受朝貢」記入史冊。

此外，日韓兩國也很在意彼此在外交文件上的稱呼，所以常常讓對方的使者吃閉門羹，或是偽造國書，假裝自己的地位高於對方（我將這個過程稱為小中華料理）。

在某些時代會將皇室、貴族或諸侯稱為百濟的後裔，若是追溯平氏的根源，會發現平氏與百濟的淵源極深，源氏則祭祀了新羅的氏神，源義光也曾自稱「新羅三郎」。

與朝鮮王朝交好的足利政權曾取締倭寇，促進日朝貿易，也常向朝鮮王朝派遣使節，德川幕府也以國賓之禮接待朝鮮通信使，或是向朝鮮王朝討教朱子學，雙方的關係往往會隨著大環境而改變。

朝鮮半島的國家與中原或北方民族作戰時，也會為了鞏固後方而向日本派遣使節，維護雙邊的關係。

讓我們將話題拉回來吧。對朝鮮半島來說，「日韓合併（在韓國稱為庚戌國恥）」等於國家為日本所滅，與中華的冊封體制完全不同。

當時的韓國不僅失去內政的自主權，還被迫接受改變姓名、語言與宗教的皇民化政策，這也是有史以來首見的「民族心理創傷」。

最終練習　試著摘要日韓兩千年的歷史

當日韓兩國的集體記憶如此不同，我們又該以何種綜觀大局的視野，為後代述說歷史呢？

以下是我個人從日韓雙方的觀點提出的歷史認知草案，希望能就此替兩國打造長久的互信基礎。除了我所提出的遠景，也請各位讀者自行思索屬於自己的版本。此外，討論各項重點是否妥當的部分，也已整理為本章結尾的迷你專欄，還請各位讀者一併閱讀。

❶ **古代**：從DNA鑑識結果也已經得知，日韓兩國的根源相同，當時的先進文化先從中國大陸進入朝鮮半島，再流入日本列島。當時的日本與伽耶或百濟的關係十分密切。

＊出處：森平雅彥《蒙古帝國的霸權與朝鮮半島》山川出版社

←

❷ **飛鳥時代**：進入西元七世紀後半之後，朝鮮半島的某個國家與中國聯手，另一個國家與日本聯手，雙方陣營也因此開戰，結果，新羅與唐朝的聯軍獲勝，日本國內出現了壬申之亂這場政變，親近百濟的政權倒台，日本與朝鮮半島的國家的關係也大為改變，此時日本的大王開始自稱天皇，國號也從倭國改成日本。

←

❸ **奈良、平安時代**：朝鮮半島的國家覺得自己的地位高於日本。在日本方面，隨著以「憎恨新羅」為起點的神功皇后三韓征伐神話誕生，對於新羅的優越感也越來越強烈，但是與朝鮮半島的國家保持友好的路線依舊存在。

日本從奈良時代開始，就與繼承高句麗正統的渤海國積極交流。此外，在西元八世紀到九世紀這段期間，新羅商人張保皐也與唐朝、新羅、日本頻繁地進行海上貿易。

從唐朝衰退的九世紀末期開始，兩國的歷史便走向不同的方向。日本廢止由國家派遣的遣唐使，與中國大陸方面的交流也以貿易為主。在朝廷的權力鬥爭中，武家脫穎而出，掌握了大權。

←

之後，日本的政體便轉型為由武士主導的地方分權制，武士道也於此時蓬勃發展。朝鮮半島這邊則融入中華秩序。除了武臣得勢的短暫時期之外，都是以儒教為基礎的中央集權體制。

❹鎌倉、室町時代：進入高麗時代之後，高麗王朝未與鎌倉幕府建立正式的邦交，但商人之間的交流還是繼續。

高麗軍於元寇時期襲擊北九州之後，日本便對蒙古與高麗王朝提高警戒。

進入室町時代之後，足利政權被明朝冊封為日本國王，日韓之間的貿易與交流也十分活絡。日本向朝鮮派遣通信使的次數其實超過六十次以上，不過在應仁之亂爆發後，日本便進入戰國時代，之後的一百五十年左右，朝鮮未曾派遣通信使到日本。

⬅

❺安土桃山時代：戰國時代結束後，統一日本的豐臣秀吉發動當時全世界最大規模的國際戰爭，造成朝鮮半島出現大量傷亡。

當時有許多武士攻進朝鮮半島，一場又一場的戰鬥讓朝鮮王朝遭受毀天滅地的打擊，之後更是耗費了兩百年，才讓人口回復到原本的水準。

在當時被日本擄走的儒學家與陶藝工匠也對江戶時代的日本文化造成深遠的影響。

⬅

❻江戶時代：進入江戶時代之後，德川家康開始思索與朝鮮王朝重修舊好的方法，在希望日韓貿易重啟的對馬宗家盡心協助之下，德川幕府總算與朝鮮王朝恢復邦交。雖然一開始只是為了回覆德川家康的要求，以及讓七萬名俘虜得以回到朝鮮，朝鮮王朝才派遣使者來到日本，但後來便成為慣例，雙方也開始互派通信使。兩國之間維持了相當長的友好關係，朝鮮在後續的

兩百年之內，總共派遣了十二次通信使前往日本。

由於德川幕府將朱子學視為新時代的思想，所以日本各地都非常歡迎以通信使之姿造訪日本的優秀儒學者。規模約五百人的通信使團在日本各地接受熱情的招待，也應日本的儒學家與大名（諸侯）的邀請，留下不少詩文，這段歷史也記載於日本、朝鮮的史料中。

從江戶時代儒學者之一雨森芳洲與申維翰（於德川吉宗時代造訪日本的朝鮮通信使的書記官。將前往江戶的沿路風光與當時的日本風俗習慣全寫成《海游錄》這本書）的交流紀錄便可一窺當時的盛況。

另一方面，過於盛大的招待導致各地大名的財政陷入窘迫，所以到了江戶時代後期，對於通信使的招待也跟著簡化。

⬅

❼ **近代的日韓合併**：在世界列強爭相搶奪殖民地的時候，維持了三百多年和平的朝鮮王朝首次遭受日本侵略，國家也因此滅亡。

到了第二次世界大戰之後，日本為了預防歐美的侵略而對亞洲發動戰爭，但是對亞洲來說，這不過是殘忍的侵略，也因此蒙受慘絕人寰的災禍。

⬅

❽ **戰後、昭和後期**：日本戰敗後，成為追求和平的民主國家。

日本搖身一變成為資本主義的強國，成功躋身先進國家之列，同時靠著先進的技術與累積的資本，對韓國與亞洲各國的經濟發展做出莫大貢獻。

雖然韓國在韓戰之後，成為最貧窮的國家之一，但在日本與美國的支持之下，得以讓經濟迅速起飛。如果少了日本的經濟援助與技術支援，漢江奇蹟恐怕難以實現。

另一方面，日韓兩國的國力差距甚大，韓國也長期由軍人實行獨裁政治，所以韓國國民對於日本或是韓國政府的不滿也無處宣洩。

⬅

❾ 昭和末期、平成：韓國國內掀起一波又一波的民主化浪潮，也總算得以從軍事獨裁政權轉型為民主政權，改由保守派與自由派這兩大政黨輪流掌握政權。

日本方面，日本政府在九〇年代中期，也就是戰後五十年的時候，透過河野談話與村山談話向當年被日本殖民的國家謝罪，但是這也激怒了另一派企圖合理化殖民地政治與當年戰爭的人。

⬅

❿ 平成後期、令和

韓國也繼日本之後，成為名符其實的先進民主國家。

不過在政局動盪、媒體環境不斷改變，權力平衡不斷變化之下，韓國與鄰國之間的紛爭也越來越多。

日本的政權往往是由同一批人掌握，但是韓國的政權卻不斷地在兩黨之間輪替。

此外，韓國也開始檢討那些在國力衰弱、國民意志難以彰顯的時期所簽訂的條約。東亞地區的權力平衡在戰前與戰後也出現截然不同的改變。至於日韓兩國的後續發展有賴於我們的選擇與決定。

「反省過去」以及「以自己的國家為榮」這兩點必須毫不偏頗地告訴下一代

在撰寫前面的歷史認知摘要時，該如何寫得不偏左派又不偏右派，端看個人的功力。為了不激怒左派或右派而寫得曖昧或是不知所云的戰後近代史教育，無法替學生培養國際觀與歷史素養，也無助於奠定日韓兩國的互信基礎。

不過，若是一味地提及謝罪，就會出現那些我們曾經親眼目睹的一切，國際觀或是歷史認知反而會因此變得相當極端與出現斷層。話說回來，如果韓國這邊不顧真相，全心「相信日本」，將一切交託在日本的自主性，那麼在需要右派組織票的自民黨治理之下，那些與歷史有關的違心之論恐怕不會有修正的一天。

比方說，前韓國總統盧武鉉在剛上台的時候，也是採取「相信日本的自主性」的立場，沒想到日本居然背道而馳，完全背叛了盧武鉉的期待，逼得盧武鉉只好改變方針。

就這點而言，保守派的尹錫悅總統或是自由派若在五年後重新上台，也必須先與支持者達成共識，再與日本政府進行協商。

就算韓國政府想要盡速實現「未來比過去更加重要」的主張，但是韓國國民的情緒往往會被日本右派政治家的言論所煽動，等待政權輪替之後，一切又從頭來過。我們絕對不能讓這種「固定的戲碼」一再上演。

此外，「天皇的神聖不可侵犯性與無謬性」可說是日本最大的自欺欺人之謊言，對此進行批判將招致莫大的反彈，所以韓國民眾也一定要了解，要改變這種集體記憶，需要付出相當的心力與成本。

就實務而言，那些偏頗的愛國教育當然不可行，也不能一味地覺得只有日本是壞人，然而，將一切含糊帶過，什麼都不說清楚更糟糕。一邊釐清史實、違心之論與神話，一邊讓後代知道要懂得「反省過去」以及「以自己的國家為榮」，才符合「想進一步了解自己」的人類本性，也是符合實務的做法。

一如資本雄厚的企業能夠承受損失，建立難以動搖的自我肯定感，才能敞開心胸，接受別人的批評。

從「HIS STORY」轉型為「OUR STORY」

——讓歷史教育具有更多觀點與永續性

歷史（HISTORY）往往是「HIS SOTRY」，通常都會淪為勝方的政治宣傳工具。

有些人明明打了敗仗，卻希望在幾十年之後，企圖合理化當時的戰爭，捏造所謂「HIS STORY」。

不過，我們只有一個地球，也必須與其他國家一起在這個地球生活，所以我們需要的不只是被自己國家灌輸的「HIS SOTRY」，還需要「OUR STORY」。這個「OUR STORY」包含了各界利害關係人的觀點，例如屬於當代女性的「HER STORY」或是屬於他國觀點的「ANOTHER SOTRY」。

許多領域都非常重視這種重視利害關係人與永續性的態度，以投資業界而言，就是所謂的ESG，以企業經營領域而言，就是所謂的SDGs。今後的教育也不能只為了政治高層服務，而是要能對下個世代的永續性與共生共榮做出貢獻。

我們也必須重新定義那些容易被執政者濫用的「愛國心」。所謂的「愛國心」到底是「不分青紅皂白地頌揚過去，高談鄉土之愛」，還是「一邊宣揚自國文化，一邊讓人民擁有從歷史學習教訓的智慧，讓人民更愛自己的國家」呢？

假設政府不斷地妖魔化（Demonize）他國或是進行大內宣，不讓國民知道完整的真相，或是讓整個社會害怕右派與掌權者的批評而失去言論自由，就無法從過去的戰爭學到任何教訓。

進入二〇二二年之後，日韓兩國的新政領袖者都上台了。

在這個有機會重新定義兩國關係的現在，我們能否讓新型態的「OUR STORY」教育進化，讓肩負兩國未來的年輕族群互相信賴，攜手走向未來呢？

還是說要再利用那些老套的理由困住年輕族群，讓歷史教育走回頭路，退化成部分執政者或評論家為了大內宣而提倡的「HIS STORY 教育」呢？

我們的國際觀以及年輕族群的未來，將隨著我們在歷史教育寄託的遠景而完全不同。

試著整理雙邊對於主要論點的看法

——替歷史紛爭打止「休止符」的十大重點

在本章的最後，試著將日韓兩國兩千年的交流歷史濃縮成十大重點。

不過，若只是為了濃縮而濃縮，有些人可能會覺得：「這跟我在網路讀到的內容不一樣！」、「我爸常常邊讀《產經新聞》邊罵韓國，這裡說的十大重點跟我爸說的完全不一樣」等等。因此，在本章的最後，要試著以正反並列的方式，列出與日韓歷史的相關論點與見解，讓各位「通盤了解大部分的觀點」，也替本章做個結尾。

雖然我打算寫出日韓兩邊的說詞，但是就如本書再三重申的一樣，日韓兩國各有不同的意見，不過，日韓兩國的歷史學者其實常有相同的見解。

此外，提出異論的層次也不同。

「事實誤認層次」（比方說，韓國人期待日韓合併）

「解釋層次」（雖然違反了民眾意願，但一切是為了自保）

「以『當時的時代氛圍就是這樣啊』為藉口，企圖洗清罪行的層次」（日本的確侵略了韓國，但每個帝國主義國家都在侵略別人）

話說回來，絕大多數的一般民眾都不知道這些事情，也對這些事情沒興趣。此時有些特定學者、政客或是評論家則在自己偏頗到不行的意見貼上「這就是日本人的歷史認知」

這種標籤，藉此煽動民粹主義與對立。因此，為了不小心避免掉進日韓爭論的漩渦之中，以下將使用中性的Ⓐ與Ⓑ的符號，列出正反的觀點。

Ⓐ屬於部分日本媒體常用的話術，其中包含在網路社群流傳的論點與學術研究成果，不過，各位若想進一步了解哪些資訊經過學界認證，哪些資訊又符合史實，可搭配Ⓑ的內容以及相關的關鍵字搜尋論文，應該就能找到答案。

只不過在搜尋相關的資料時，絕對不能只參考來路不明的評論家、以不斷詆毀他國維生的作家的著作（順帶一提，出版社都是常見的那幾家）或是歷史相關資料偏重民粹的維基百科。反之，建議大家閱讀以「Google 學術搜尋引擎」或是其他管道搜尋的學術論文（說得更清楚一點，就是經過嚴格審查，影響因子排名較高的期刊論文），才能強化正確的認知。此外，與Ⓐ相對的Ⓑ屬於日韓兩國學者的觀點與研究成果，希望大家能從雙方的觀點拓展視野。如果您是「這本書我都讀到這裡了，與其討論歷史，我更想以 BTS 粉絲『阿米』的角度，了解讓日本與韓國紫愛彼此的方法」，建議瞬間移動至「終章」。

反之，覺得「細節也是值得一聽」的人就繼續閱讀下去吧。

1 古代的交流

Ⓐ日本原住民繩文人移居至朝鮮半島，傳播文化。

B 從朝鮮半島渡海來到日本的彌生人，以及後續來自百濟、高句麗、伽耶的渡來人對日本的建設做出莫大貢獻。話說回來，繩文人也不是日本原住民，而是從南方等處遷徙至日本列島各地的移民。

2 神功皇后的三韓征伐與任那日本府

A 在古代，神功皇后遠征三韓之後，日本統治了朝鮮半島。自此，從六世紀到伽耶被新羅所滅這段時期，朝鮮半島的南部都由倭國統治。

之前都沒有任何證據或是遺跡出土，但最近在朝鮮半島南部發現日本古墳之一的前方後圓墳。

B 三韓征伐是於日本遠征新羅失利之際捏造的神話，也沒有神功皇后這號人物。

於《日本書紀》記載的任那日本府是倭國於朝鮮半島南部伽耶地區設立的統治機構，但這不過是戰前的日本政府為了證明日本曾經統治朝鮮半島，以及合理化近代的殖民統治而曲解的詭辯。以當時的日本與朝鮮半島的關係來看，文化相對先進的伽耶或百濟的人民移居至九州北部之後，打造了包含九州北部與朝鮮半島南部的勢力範圍。

此外，從朝鮮渡海至日本的人也會跨海交流。百濟也曾以提供武器或是輸出文化為代價，向倭國招募兵力，藉此與新羅或高句麗對抗。

3 高麗在元寇扮演的角色

A 高麗扮演了主導一切的角色，與元朝一起侵略日本。特別在對馬一帶，元朝與高麗軍展開了大屠殺。

B 高麗抵擋元朝長達三十幾年，阻止元朝擴張。三別抄這個高麗的分支勢力也曾呼籲鎌倉幕府一同對抗蒙古，日本卻因為不明事態而不予理會。

高麗在臣服元朝之後，也曾為了避免戰爭爆發而建議日本向元朝朝貢，不過當時的北條政權不願採納建議，於是元朝與高麗的聯軍便侵略日本。

之後，以對馬島為據點的倭寇不斷侵擾朝鮮半島，最後才演變成朝鮮王朝初期的應永外寇事件（朝鮮王朝大舉進攻對馬島的事件）。自此，對馬的宗氏也臣服朝鮮王朝，從朝鮮王朝獲得官職與白米，也為了取得糧食或其他物資而與朝鮮頻繁貿易。

4 豐臣秀吉出兵朝鮮

A 豐臣秀吉的軍隊攻打明朝，但是朝鮮卻不幫忙。對馬的宗氏傳錯話，也是引爆戰爭的原因之一。

豐臣秀吉原本打算在拿下中國之後統治印度。當時西班牙準備侵略東亞，所以豐臣秀吉發動戰爭是為了自保。

B 豐臣秀吉發動的戰爭只是單純的侵略，一如耳塚（註：位於日本京都府豐國神社門前的墳墓，裡面埋葬的都是於萬曆朝鮮戰爭期間戰死的朝鮮軍隊與明朝軍隊的耳朵和鼻子）這個例子所告訴我們的，無數的朝鮮民眾都成了這場戰爭的犧牲品。豐臣秀吉在統一日本之後，便不打算再向明朝朝貢，希望日本成為東亞的中心，此外，一說認為，當時豐臣秀吉有必要賜予武士新土地，或是消耗敵對陣營的兵力，所以才打算侵略中國大陸，另一說則認為豐臣秀吉在兒子鶴松死去之後便陷入瘋狂。

當豐臣秀吉的軍隊在文祿之役被李舜臣奪走制海權，以及被斷絕補給路線之後，戰況便急轉直下，也放棄最初的野心、尋求停戰，不過，明朝不願答應豐臣秀吉恢復勘合貿易的要求，反戰派的小西行長與沈惟敬的「欺瞞外交」也因此破局。

豐臣秀吉之後又再度出兵，卻在慶長之役放棄進攻明朝，只能在朝鮮半島南部不斷屠殺平民，但最後戰爭也隨著豐臣秀吉辭世而結束。

侵略失敗的豐臣秀吉為了面子，不斷地發動無謂的戰爭，讓東北亞一帶慘遭蹂躪，朝鮮的國土變得一片荒蕪，也讓朝鮮王朝就此一蹶不振（當然，之後西班牙也未侵略日本）。

5 朝鮮通信使

A 是朝鮮對江戶幕府的朝貢。

B 江戶幕府斥重資招待朝鮮通信史，希望日本與朝鮮能積極交流。日本與朝鮮雙方都留有許多描述當時招待盛況的資料，其中以申維翰（朝鮮通信使的書記官）的《海游錄》最為有名。在朝鮮通信使之中，有許多詩學造詣也很優秀的儒學者，所以也應日本各地要求，留下不少詩文。此外，於平戶擔任東印度公司商館館長的英國人理查・考克斯也在日記記載「朝鮮通信使猶如王者一般受到熱烈的招待」。

幕府為了向各地大名展示將軍的威信，接納了朱子學與中國大陸的文化。朝鮮這邊除了視察日本的國情，也派遣精通詩學的儒學者造訪日本、宣揚國威。當時兩國學者對於漢詩的切磋都寫成筆談集或唱和集，大多保留至今（只要閱讀由眾多研究者提供稿件，再由上田正昭京都大學名譽教授負責編輯的《朝鮮通信使　與鄰國友好相處的成果》（明石書店），就能了解當時朝鮮通信使的相關細節，例如款待朝鮮通信使的餐點、朝鮮通信使致贈的詩文，以及兩國的贈品目錄）。

6 日韓合併的過程與法律見解

A 一直以來朝鮮都是中國的屬國，是日本幫助朝鮮獨立。

對日本來說，當時正面臨危急存亡之秋，因為當朝鮮被俄羅斯佔領，日本將面臨極大的威脅。日本雖然幫助朝鮮改革內政，但朝鮮拒絕改革。

朝鮮看到成功近代化的日本打贏清朝與俄羅斯之後，便希望與日本合併。比方說，會員多達一百萬名的一進會就主張韓國應與日本合併。

不過，安重根這類「恐怖份子」卻暗殺了伊藤博文，導致保護韓國的路線轉變成吞併韓國的路線。

得到國際社會承認的日韓合併是合法的合併，就連英文也以合併（annexation）記載，而不是將韓國視為殖民地。

B 在中原王朝制定的冊封體制之中，朝鮮得以保有內政獨立與文化，但是日本的侵略卻導致韓國滅亡。

以日本推動近代化為前提，由金玉均主導的甲申事變在清朝的介入之下以失敗告終。因為當時的日本還無法與清朝對抗，所以無法給予任何支援。

中日戰爭結束之後，中日雙方簽署了馬關條約，馬關條約也明文規定，清朝必須讓朝鮮獨立，但這一切不過是為了方便日本侵略朝鮮所做的準備，所謂的獨立不過是「假獨立」。

當親俄反日的皇后遭到日本公使團暗殺之後，日本就根據日韓協約握有韓國的人事權，樹立了傀儡政權，下令解散韓國的軍隊，強制併吞韓國。

伊藤博文容忍這次的合併，不顧最初合併或是保護韓國的路線，也讓朝鮮半島因此淪為殖民地，所以伊藤博文可說是侵略國的首腦。

與日本陸軍關係匪淺的一進會（一說認為，一進會雖號稱會員數多達一百萬人，但其實不到四千人，未得到多數韓國人的支持）雖然主張與日本以地位對等的方式合併，但是就連「韓日合邦聲明書」都是由日本人內田良平起草。

誤以為有機會以對等的方式合併而參與活動的一進會代表李容九在日韓合併之後，立刻被迫解散一進會，李容九也在發現自己上當之後，隨即氣憤而死。

所謂的「得到國際社會承認」不過就是日本與美國、英國互相承認殖民地統治權的利益交換而已。雖然日本的所做所為是為了與歐美對抗，但是對亞洲國家而言，就是貨真價實的侵略。

7 殖民地統治的實際情況

A 相較於歐美在非洲與亞洲的殖民政策，日本的統治方式比較人道。

比方說，日本推動了韓國各項近代化建設，平等地對待韓國人，還釐清土地的所有權，讓稻米增產以及增加稻米輸往日本的出口量。

在朝鮮總督府推動學校教育之下，朝鮮半島的韓文識字率因此提昇。慰安婦只是特種營業工作者，而且還領取優渥的薪水。當時朝鮮半島的女性別無選擇，只能從事這種工作的境遇的確令人同情與痛心，但是，雖然有命令佈達資料與軍中日誌這類資料，但在政府調查之後，沒發現「任何由軍隊或政府機關強擄慰安婦的紀錄文件」。至於強制徵召的部分，當時的朝鮮人也是日本人，所以徵召她們也是理所當然的。

在戰爭爆發之前，也有在日本擔任要職的朝鮮人，這些朝鮮人也與日本人共生共榮。

殖民時期的朝鮮人很感謝日本，但是戰爭結束後的反日教育卻將韓國打造成「反日國家」。

B 記錄殖民政治當時情況的資料非常多，比方說，大正民主運動指導者吉野作造所寫的論文「視察滿韓」就批判日本人對朝鮮人的各種虐待（強奪土地、強迫朝鮮人服徭役或是接受同化政策），也要求當地日本政府解決差別待遇的問題，放棄武官政治與同化政策，以及放寬言論自由的範圍。

此外，「非同化主義論」也提到朝鮮「不僅擁有幾千年的歷史、傳統與風俗習慣，也與日本同為文明國家，若是反過來耙梳雙方的歷史，就會發現朝鮮曾是將文明帶入日本的國家，自尊心也不容踐踏，所以絕對不該為了統治而採行同化主義」。

在當時的韓國統治階層之中，的確有協助日本統治韓國的人，但大部分的民眾都遭受嚴重的歧視。若將殖民時期分成前期的一九一九年三一獨立運動、從三一獨立運動到三十年代初期滿洲事變的中期，以及滿洲事變到日本戰敗的後期，就會發現進入殖民時期的後期之後，同化政策的力道變得更強，韓國的民族文化也因此奄奄一息。

比方說，朝鮮總督府就以「土地調查事業」這個名目，從多數農民（當時的朝鮮人民有九成是農民）手中奪走土地（不識字的農民看不懂土地所有權申告期限，所以土地被沒收），再以極低的價格讓渡給日本官僚或企業家。此舉間接讓許多朝鮮人因此淪為小農或貧農，不然就是失去工作。

配合日本人或日本殖民政策的地主雖然得以將朝鮮米出口至日本，讓米價與出口量增加，但對於淪為小農或貧農的朝鮮農民來說，買米的費用變得更高，白米的消費量也減少。

儘管如此，真相卻被曲解為「朝鮮人的生活因為白米出口量增加而變得更滋潤」。

朝鮮人在萬般無奈之下，只能進入日本企業的工廠，淪為廉價勞工。

如果殖民地的識字率太低，反而不利於統治，所以日本的確曾推行韓文識字教育，不過，課程內容全是強調日本統治的正當性，以及試著改變朝鮮人的自我認同，讓朝鮮人與日本人同化。

在參政權方面，只有長期住在日本，配合日本統治朝鮮的極少數朝鮮人擁有參政權，住在朝鮮半島的絕大多數朝鮮人都沒有所謂的參政權。

至於慰安婦方面，絕大多數的慰安婦都是被哄騙而遭受性剝削的受害人。除了韓國人之外，台灣、菲律賓、荷蘭、中國、北韓，以及實際參與暴行的前日本軍人（吉田清治或是與《朝日新聞》報導完全無關的人）都對此做證。

被殖民的民眾從未忘了反抗，直到喪失國權之前，曾發動數千次的抗日義勇軍抗爭運動以及一九一九年的三一獨立運動（一般認為，約有兩百萬人參加），可惜最終都被武力鎮壓。韓國的獨立運動家都在西大門刑務所遭受拷問，多數都被處死。

日本戰敗後，街上擠滿了高喊「獨立萬歲」的民眾。相較於曾被殖民的世代，現在的年輕世代因為不曾被日本殖民，「反日情緒」也越來越淡。

如果「韓國的教育」是「反日情緒」高漲的原因，就無法說明現代的年輕族群「越來越不反日」的現象。

8 領土問題

A 韓國單方面非法佔據日本固有領土的竹島與李承晚線（水域分界線）。《舊金山和約》也不承認韓國在這些地方的領有權。將竹島編列為島根縣的行政區域時，朝鮮方面也沒有提出任何抗議。

B 一九〇四年，第一次日韓協約簽訂，一九〇五年，第二次日韓協約簽訂後，朝鮮的外交權便被日本奪走，朝鮮的固有領土也被編入島根縣。

當時的大韓帝國被迫接受日本政府挑選的外交顧問，外交權也被奪走，所以沒辦法提出抗議。

此外，韓國也無法以對抗日本的同盟國身份，參加在韓戰之際舉辦的舊金山和會，所以未能在舊金山和約充份表述韓國的歷史以及立場。

簡單來說，舊金山和約是在被大日本帝國侵略的主要受害國家未被邀請的情況下簽訂的和約，代表朝鮮人民或中國人民的政府都未能表達意見。

9 日韓基本條約

A 日韓之間的所有糾葛與問題都已透過日韓基本條約徹底、永遠解決，而且日本人還在韓國留下鐵道這類基礎建設與資產，韓國應該向日本表達感謝。

此外，日本政府明明曾向韓國表示，願意補償受害者的損失，但韓國政府卻主張由韓國政府自行承擔，所以韓國政府應該向受害者支付賠償。韓國推翻了當時的國際共識。

B 日韓基本條約是親日軍事獨裁政權在違反國民意願的情況下，與日本簽訂的條約。而且日本政府以「殖民政策一切合法」為前提支付了當時未支付的勞動報酬給韓國政府，卻未支付賠償費。

不過，在簽訂日韓基本條約的時候，根本未針對「日韓合併」是否合法這件事達成共識。在簽訂日韓基本條約的時候，日韓雙方的國力差距甚大，日方也不斷強調殖民統治的正當性。在韓國提出應支付的勞動報酬之後，日本也只願意支付十分之一的金額，所以雙方的談判也拖非常久，就在此時，希望日韓關係早日穩定的美國突然介入，迫使韓國在國民強烈的反對之下，簽署日韓基本條約。

由於韓國這邊長期遭受歧視，國民被強行徵召，文化也被抹殺，生命與自尊心都被狠狠踐踏，怎麼可能為了區區的金錢而感謝日本。這世上怎麼可能會有從加害者手中得到金錢之後，反過來感謝加害者的被害人呢？

而且，大部分的基礎建設都在韓戰之際化為灰燼。即使到了六〇年代，韓國仍是全世界最貧窮的國家之一。

說得更精準一點，韓國之所以會在被美國與蘇聯佔領之後，分成南北兩個國家，也與曾被日本殖民的歷史有關。

10 戰後的謝罪

A 日本已透過村山談話或是相關談話，誠心誠意道歉了無數次，宮澤喜一、小淵惠三、河野洋平以及多位政治領袖都曾表達歉意。之後的日本政府也承認村山談話。

此外，日本政府也透過慰安婦基金向慰安婦被害者謝罪與賠償，但是大多數的韓國國民都不知道這些事情。明明韓國總統全斗煥、盧泰愚與金大中都已不再追究過去，現在的韓國政府卻舊事重提。

B 日本政府總是立刻推翻之前的謝罪發言，也沒有做出相應的行動。即使日本的自由派政權謝罪，後繼的鷹派首相、閣僚或是握有實權的政治家還是會立刻予以推翻，而且對外會以「村山談話」或「河野談話」為擋箭牌，聲稱日本政府已經「道歉」，但實際上卻是否定與推翻這些談話。

比方說，「河野談話」曾答應將慰安婦問題記入教科書，但後續的安倍政權卻將慰安婦問題從歷史教科書刪除。慰安婦問題是與自尊心或心痛有關的問題，所以日方必須真心誠意地道歉，才能得到原諒。

自我檢測歷史觀是否全面

接著請大家自行檢查自己的歷史觀。

應該有不少的讀者都有「沒想到讀這本書之後，才知道有這麼多事情沒聽過！」的感覺吧。

尤其是於①②⑤選擇Ⓐ的人，很有可能誤信了歷史學界所謂的陰謀論，我不用在這裡提問，也能預測這些人會如何回答其他的爭論。

比方說，這些陰謀論的信徒會相信滿洲事變（九一八事變）源自中國的挑釁；太平洋戰爭則應該稱為大東亞戰爭，因為是解放亞洲的聖戰。

七三一部隊人體實驗只是為了醜化日本的謊言；至於平頂山事件則是聽都沒想過，但一定也是「反日勢力」捏造的謠言。

不認同女性天皇或是外國人的地方參政權；關東大地震的時候，沒有任何朝鮮人被屠殺；在日韓國人享有特權與禮遇（在此特別澄清，身為在日韓國人讀了在網路流傳的在日特權相關資訊之後，發現全部都是荒誕無稽的謠言）。

此外，應該有不少人討厭蒙古人當上橫綱（除了歷經千辛萬苦的照之富士春雄之外），甚至希望讓長吻雀鱔、大鱷龜或是紅耳龜這些在日本河川棲息的外來種滅絕吧。

順帶一提，我大概能知道這類人的書架都擺哪些書，或是都在亞馬遜線上書店替哪些書按讚，也知道他們會讀什麼報紙。

之所以能夠精準預測那些人對這些獨立主題的回答，全是因為全體主義的信徒總是會為了維護所屬集團的無謬性或場面話而思考或行動。

反之，自由派的人則會覺得「別人是別人，我是我」，願意接納更多元的想法，也不像右派那樣積極，會讓別人感到政治壓力。

在此，我有些話想對那些人說：「愛國與正義感的確都值得讚賞，但是請問問自己，是否還受到奈良時代的神話、明治時代的違心之論、昭和初期的政治宣傳與平成時代的反動所影響。」

如今已是令和時代，請大家務必重新思考「令和」這個年號的意義，試著為了促成和解而改變自己的心態。

即使是全部都選Ⓑ的讀者，也不要一味地批判只選Ⓐ的人，而是要試著與他們溝通，了解與尊重他們「熱愛國家，以國家為榮」的心情。

由於本書介紹的論文幾乎都可以免費下載，所以想要進一步調查本書各項見解的讀者，不妨視情況從左派與右派的角度著手，藉此強化認同感。此外，本書介紹的書籍雖然都有點年代，但是在網路搜尋的話，通常可立刻找到中古的版本。

在亞馬遜線上書店寫書評之前的自我診斷

行筆至此，想跟日韓兩國的讀者說的事情是，在思考牽扯日韓兩國的歷史問題時，請千萬要避免那些單方面批評鄰國，純粹為了消除心中怨氣的言論，也要小心那些根本不知道兩國舊日恩怨的作家，或是為了銷量，不在乎內容是否正確的出版社。

如果各位書架上的書籍或是訂閱的 YouTube 頻道出現了單方面批判鄰國，或是單方面合理化自國所做所為的內容，這些書籍或頻道很有可能正透過操弄愛國心謀取私利。

在亞馬遜線上書店給予這類書籍五顆星（最高的評價），並將我這本用盡全心全意所寫的書籍評為一顆星（最低的評價）的人，恐怕已經陷入願者上鉤的困境，甘願讓自己在亞馬遜河被那些謀取私利的人釣上船。

我在寫這本書的時候，帶著對日韓兩國的愛國之心與敬意，也企圖分享日韓兩國的國民與在日韓國人的集團記憶，但願本書能成為各位培養國際觀的墊腳石。

「不是所有的錯都在韓國身上，也不是什麼都是日本挑釁所造成的。不知道各位是否

教養檢查表

①「和風韓國人」是什麼意思？筆者對於韓國人口中的「親日」以及日本人口中的「反日」有什麼看法？為什麼會覺得這兩種詞彙的定義很奇怪呢？

關鍵字 過去的歷史與現代日本的不同　配合殖民統治的人

②「不正義的合法」是什麼意思？試著替一九九三年與一九九五年的談話、一九六五年的條約、一九一〇年的事件做出結論。

關鍵字 「村山談話」與「河野談話」淪為「卑鄙的藉口」　賠償金與經濟協力金的不同　「合併」的強制性　「得到國際社會的承認」的實情

③「以非黑即白的方式討論渾沌不明的真實情況」是什麼意思？此外，筆者又是怎麼說明「三大詭辯模式」以及部分否定全體的「四大修辭學」呢？

關鍵字 部分否定與全體否定　部分肯定與全體肯定　自發性角色扮演　媒體的誤報　被害者人數不確定　未發現官方文件　透過想像否定

④筆者認爲在學習歷史，加深教養的時候，要注意哪些重點？

關鍵字 與全球的實例比較　拓展視野　洞察人性

⑤作者如何濃縮日韓兩國之間長達兩千年的歷史？以及認爲歷史教育要注意哪些部分的平衡？請試著回想「正面的愛國心」是什麼意思，以及「讓過去的教訓放諸水流的社會」又有什麼特徵，再思考這裡的問題。

關鍵字 反省過去　以自己的國家為榮　不同的觀點　永續性　OUR STORY

「章末特別練習」

筆者爲什麼覺得聽到「日本的歷史認知」這種說法時，需要格外警戒？

此外，作者以哪些主題探討了日韓兩國的歷史糾紛？

後篇　透過在日韓國人的觀點，弭平日韓之間的鴻溝

終章　讓日本與韓國紫愛彼此的方法

——如何讓日韓睽違一千三百年重修舊好？

本書最初是以「為什麼日韓國民彼此交好，日韓政府卻彼此交惡呢？」這個提問為開頭。就算是在學生來自世界各地的 MBA，日本人與韓國人的關係也特別好。比方說，這份原稿我就是請在 MBA 留學時代的日本摯友幫我讀過一遍。

此外，在全球金融機構或是企業顧問公司的聚會裡，日籍員工與韓籍員工的關係也特別融洽。這與國家彼此交惡，國民互為世仇的中東各國關係（比方說，黎巴嫩與以色列）可說是截然不同。

話說回來，明明國家彼此交惡，為什麼日韓的國民關係與中東各國會有如此差異呢？答案就如本書所述，從歷史衍生而來的集體記憶、民族記憶，與個人的體驗互相悖離。比方說，我們不太需要在日常生活解決領土問題，也不可能發生一越線，鄰居金家就拿著菜刀砍過來的事情。

若問大部分的人對於鄰國有什麼回憶，不外乎充滿趣味的濟州島之旅、親切的烤肋排店老闆，在狎鷗亭酒吧偶遇的漂亮姐姐，在新大久保伴手禮店巧遇的親切大叔。

此外，絕對不會有機會與韓式炸甜甜圈（호떡）的店員討論徵用工的問題，也不會在入住新羅飯店的時候，被要求針對慰安婦問題道歉。當然也不會在江南一帶接受美容整形諮詢時被問到：「明成皇后（朝鮮王朝最後一位皇后）明明是被三浦梧樓虐殺，為什麼要偽裝成是大院君下的毒手？」

韓國人在日本生活的時候，絕對不會在小孩子看完病之後聽到醫生說：「請給我診察券與竹島。」

當然也不會在婦產科生小孩的時候聽到護理師對小孩說：「體重二六五〇公克，是很健康的女孩子，不過，是韓國人就給我滾回韓國」這種話。

向賣炸雞與可樂餅的店家詢問：「為什麼日本的炸雞盒子與可樂餅的盒子都貼著不知來路的金獎貼紙？真的有這種比賽嗎？」也不會被店家大罵：「與其關心這種事情，先給我遵守國際法再說！」

大部分的日本店家在遇到來自韓國觀光客的時候，通常都比韓國的店家更加親切與客氣。所以才會有那麼多韓國人不斷地去日本旅行。

不過，就算是原本很喜歡日本，常於兩國之間往返的韓國商界人士，只要想進軍政界，成為國會議員，就會為了選舉而大喊「日本快謝罪」，搖身一變成為彈劾日本的大將。

雖然我寫了這些內容，但如果我有機會被總統府任命為駐日全權大使，或是被新政權提名為「海外僑胞廳日本窗口」，或許我也會大喊：「日本謝罪一千年哪夠，給我謝罪一億年吧！」反過來說，如果日本國會或政治中樞向我遞出橄欖枝，我也有可能翻臉不認祖宗，邊說：「我會為了讓韓國遵守國際法而努力工作」，邊向日本政府輸誠。

說到底，個人與集團的歷史認知與自我認同都不一樣，要處理的課題與問題也有不同的優先順序。

複習國民交好，國家交惡的理由

身為社交動物的人類學習了所屬集團的歷史之後，就算未曾親身經歷這些歷史，也會擁有所謂的民族記憶或是集體記憶。

由於這類歷史通常會聚焦在過去的悲劇，有時候則是沒有事實根據的神話，但是這些神話的歷史越久，就會被越多人傳承，聖經或是古蘭經這類經書也漸漸擁有宗教方面的影響力。集體的自我認同也會在「摻雜神話與歷史的集體記憶」之中形成。

因此，今後的日本人或是韓國人除了進一步交流文化之外，應該也會有不少人在學習歷史之後，為集體記憶禁錮。

比方說，韓國人愛吃日本料理，喜歡去日本泡溫泉、打高爾夫，也覺得親切有禮的日本人很討人喜歡。可是當韓國人學習歷史，發現豐臣秀吉曾經侵略韓國，那股以日本為敵的集體記憶或民族認同便會重塑。同樣地，日本人也有可能陷入「韓國明明是被神功皇后討伐的國家！」或是「無法接受討厭日本的韓國！」這種無限輪迴之中。

換言之，即使兩國國民喜歡對方的人事物，也喜歡與對方交流，但是一想到兩國之間的歷史情結就反目成仇，不過，這其實也沒什麼好奇怪的。

改善「民族記憶」的三種方式

到底該怎麼做，才能有效地改善上述的民族記憶與兩國關係呢？

主要有古代、現代、未來這三種方法。

①拉長時間軸，回溯至過去

第一步就是拉長時間軸，回溯至過去。

若是追溯至兩千年前的日韓關係，便會知道在彌生時代到西元七世紀這段漫長的歲月之中，一直有大批的人口從朝鮮半島流入日本（當然，早在遠古時期就有人口從朝鮮半島流入日本）。

我在寫這部分的內容時，造訪了埼玉縣日高市的高麗神社。這座神社是高句麗於西元八世紀初期滅亡之際，一千七百九十九位高句麗亡國之民的移居之地，也可在高麗川以及各處看到高麗文字。這群人不過是無數移民之中的滄海一粟。就算是在新羅、高麗、朝鮮王朝的時代，還是政治對立的時代，雙方的商人仍持續交流。

如果從這類歷史交流延伸的話，日韓兩國或許也能像英美兩國般，在外交上形成特殊的互助關係。

順帶一提，當英國發現移居之地的新大陸遠比母國來得遼闊之後，人口便一股腦地往西邊移動，之後再於全世界開枝散葉。

不過，彌生人的移居之地只是近在咫尺的蕞爾小島，所以才返回移居之前的土地。

此外，本書也再三提醒，在回溯古代的時候，一定要告訴自己，小中華思想與三韓征伐神話都是某種自以為是的優越感或是子虛烏有的故事。

②了解現代日韓兩國在文化的「差異」

第二種方式就是了解現代日韓兩國在文化的「差異」。

基本上，大部分的日本人都不執著於過往，不會把死人從墳墓拖出來鞭屍，不管祖先有多麼為非作歹，死後都會升天。

不過，信奉儒教的韓國不認為死掉就不用追究責任，所以總是會溯及既往，追究道德的正當性。除了了解上述的差異之外，還要了解兩國政治家那些宛如缺陷的特徵。日本的政治家常為了保護組織，會讓自己的祕書背黑鍋，也會竄改文件，被國民批評不負責任。

由於這些日本政治家執著於無謬性，屢屢否定那些與違心之論不符的事實，所以才會那麼不負責任。

另一方面，韓國的政治家除了不斷批判日本與要求日本謝罪之外，也不斷地批判國內的政敵與要求政敵謝罪。此外，韓國的政治家重視道德方面的正當性，認為執政者可以推翻過去那些不合理的規則。

了解兩國的文化取向，或許就能得出「原來如此！日本與韓國原來是這樣的國家啊！」這種結論，針鋒相對的氣焰也會稍微收斂一些吧。

③將時間軸與觀點從現代延伸至未來，重新建構全新的日韓關係

第三種方式就是將時間軸與觀點從現代延伸至未來，重新建構全新的日韓關係，這點也十分重要。尤其當我們回顧過去的二十年，兩國在經濟、外交與政治方面的關係也隨著時代快速轉變。一如本書所述，當我們將遠景視為「未來的志向」，對於歷史的認知也將改變。

日韓兩國的「未來志向」不一樣

在此想請大家注意的是，由於日韓兩國的文化背景不同，雙方對於「日韓兩國今後的關係」也有不同的定義。

對於儒教色彩濃厚的國家而言，所謂的「未來志向」是指徹底承認過去的過錯與謝罪，以及不再犯相同的過錯。

反觀武士道餘溫未散的國家則認為，所謂的「未來志向」就是讓過去成為過去，重新建構新關係。

當雙方能朝著這個「未來志向」走向彼此，兩國能夠攜手合作的領域將無限寬廣。其實

觀察日本黨主席選舉與韓國總統選舉之後，會發現除了不動產的政見之外，其他政見都非常相似。比方說，兩國都有針對貧富差距、少子化、高齡化、年金問題、低碳能源轉型、數位化的政見。希望兩國能在年金改革、教育改革以及打造沒有歧視的社會這些更具建設性的領域互相切磋琢磨。

除此之外，希望兩國能夠互相學習彼此更為先進的政策，或是比賽誰的政策更為優秀，藉此打造適合移民居住的環境，或是讓養兒育女的世代能減輕肩上的負擔。

身為父親的我，非常在意學校教育的品質，也希望日韓兩國能將目標放在打造一個讓外國人也能安心將小孩送到學校的國家。

如果回顧雙方的外交關係，會發現日本與朝鮮半島的國家最後一次攜手對抗世界強權的戰役是一千三百年前的白村江之戰。另一個想請大家注意的重點是，百濟國在當年的白村江之戰犧牲了非常多的國民，而日韓兩國也有不少百濟國的後代，所以才會衍生出許多彼此對立的言論（就這層意義而言，新羅與百濟有可能得在遠古的集體記憶與內心之中，來一場時隔一千三百年的大和解）。

日本與韓國至少該顧慮彼此哪些事情？

在不確定性漸增的現代，日韓兩國該怎麼做，才能在暌違一千三百年之後，打造互助合作的關係？

最後想請大家一起思考這個問題，替本書做個總結。

在東北亞的政治、經濟與文化的重要性與日俱增之際，幫助「讓日本不再是朝鮮半島國家世仇」的催化劑到底是什麼？

雖然就現況來看，哪怕只是政治作秀，韓國政府事到如今，也不會向支持者宣傳從日本企業或政府獲得微不足道的賠償金，而是想要繼續站在「道德的制高點」。放眼全世界各種侵略他國的例子，只有其中一方完全放棄要求賠償，另一方才會停止那些毫無建設性的詭辯。

此外，姑且不論這麼做是否合乎韓國人重視的名義，每個韓國人都知道由自己國家的政府負責賠償，絕對比因為日韓貿易摩擦造成的損失還要來得划算。

韓國人也必須知道，目前絕大多數的日本人都是於戰後出生，不需要為了日軍在戰前的所做所為負任何責任。

至於日本方面，也要有勇氣讓古代的神話以及在明治時期尾聲出現的各種與日韓合併有關的場面話，還有對無謬性的莫名堅持放諸流水。

每次日本政府的核心人物又提出「韓國人也想與日本合併」、「日韓合併得到國際社會的承認」這些三百多年前的理由，相信「日本已經打從心底反省」，想與日本政府攜手前進的韓國政府，也無法壓制韓國社會輿論的怒火。

其實從賽局理論也能知道，日韓雙方如果無法向彼此開誠佈公，無法相信彼此、達成共識，進一步採行具有建設性的方針，兩國的政治關係將動不動針鋒相對。

以近年來的「慰安婦共識」為例：「已經賠償與謝罪了啊，之後韓國政府就會自行拆除少女銅像，也不會再舊事重提了吧？韓國會遵守彼此的共識對吧？現在球在韓國那邊吧？韓國應該修正路線，不要再違反國際法了吧？」

如果日本還一直這麼說，韓國這邊又怎麼可能覺得日本是真心誠意「謝罪」，也不可能與日本達成「共識」。

今後，日韓兩國一定還會出現「想藉著歷史情結與領土問題刺激鄰國」的政客。

希望大家不要每次都因此大發雷霆，而是要先深呼吸，讓自己冷靜下來。

希望大家能用李方子妃生前製作的青瓷茶碗喝杯茶，告訴自己「要是方子妃的話，才不會因為這點小事而生氣」，接著以一種開悟的心境告訴自己「不管是哪個國家，都會與鄰國產生歷史問題或領土問題」，然後淡淡地露出會心一笑。「從地理來看、從歷史來看，從國際法來看，那都是我國固有領土」這類陳腔濫調就像是歌舞伎或是能劇的「型」，但願這類陳腔濫調只能用來表達「遺憾之意」，不再具有任何影響力。

自新羅統一朝鮮半島以來的絕佳機會？

照理說，互為鄰國的日本與韓國應該能進一步交流，在經濟方面組成互助合作的共同體，如此一來，在面對美國或中國時，就能一個鼻孔出氣，也更有籌碼談判才對。

此外，我的個人意見是，在南北韓統一或是維持正常的邦交的時候，日本若能扮演「促成一切的大恩人」，日本與未來統一朝鮮半島的國家之間的關係一定有別於其他國家。

對日本來說，扮演這個角色的機會恐怕是幾百年甚至是千年一遇。上次得以一統朝鮮半島的國家是新羅，所以對日本來說，這簡直是等了一千三百年才遇到的絕佳機會。

日本政府或是某些日本的政治家當然也「不希望鄰國變得太過強大」，也覺得當北韓不再是一匹危險的孤狼，就無法從中獲得政治紅利。

曾是美國總統國家安全事務助理的約翰·波頓（John Robert Bolton）在其回憶錄《事發之室：白宮回憶錄》（The Room Where It Happened: A White House Memoir）提到，安倍晉三首相（時任）曾妨礙南北韓互相交流、美國與北韓的會談，以及韓戰終戰宣言發表。

不過，南北韓的關係總有一天會恢復正常，所以希望日本政府能以大局為重，至於要將南北韓統一或是建立正常邦交視為機會還是危機，端看日本如何控管與朝鮮半島之間的關係。

此外，韓國這邊或許可以模仿德國，可在美國與中國、俄羅斯對抗的局面，試著讓南北韓統一或是南北韓建立正常邦交成為對日本、美國、中國、俄羅斯有利的大交易（Big Deal），這當然也是有待實現的一大任務。

要達成這項任務，就必須如前韓國總統金大中所示範，讓接納與包容的精神深植於民族的自我認同之中。

我由衷渴望看到南北韓之間的軍事分界線不再有鐵絲網，南北韓的人民在這條軍事分界線一同高唱阿里郎，一同歡迎日本貴客的景象。

不能讓宛如呆帳的歷史糾葛延續到新時代

進入二〇二一年之後，美國霸權衰退，俄羅斯發動大型戰爭，中國逐漸崛起，被夾在這三個大國之間的日本與韓國，實在不該浪費時間互相爭鬥。

尤其對日本來說，除了道德層面的顧慮之外，也必須思考現在與未來的經濟機會或外交風險。現在早已不是明治時代或昭和初期，所以日本的年輕族群若不趁早重新認識變得強大的亞洲國家，不及早了解亞洲國家的集體記憶，培養全新的國際觀與歷史認知，而是被捲入上一代的遺毒與歷史紛爭之中，有可能就會因為那些「猶如呆帳的歷史問題」而蒙受嚴重損失。

如果日本總是以模稜兩可的話術向韓國道歉，或是不斷地推翻這些道歉，只會增加兩國關係中的負面元素，像是透過不確實的資產價值評估以及利用大筆資金注入讓呆帳越拖越久的情況。真心希望重視國家利益的保守派能不要讓韓國對日本的印象或評價持續向下修正。

話說回來，除了負責國家外交的那些高層之外，我們每一位普通市民又該如何面對日韓之間的關係呢？雖然本書已長篇大論，但最後還是要將這個問題的答案整理成下列的對話，這也是最究極與最重要的內容。

（日本）

「很感謝古代的人傳承了文化。中世紀與近代的人做了很可惡的事情，真是對不起，而且學校也不教那些人做了什麼可惡的事情，所以才開始自學，試著了解這些事情，之後才發現，我們的政治家總是滿口謊言與藉口，真的很對不起啊。」

（韓國）

「不用這樣啦，做那些壞事的又不是你，你願意這樣說，就已經很感謝了啊。很謝謝現在的日本給予韓國各種經濟支援，我們的政治家也常常在政權輪替，左右兩派輪流上台之後，就會推翻之前的協議，即使如此，日本還是願意欣賞 K-POP 與韓國文化，真的很感謝日本啊。」

如果雙方的國民能具備上述的基本認知，相信一定能改善彼此的關係，成為互信互助的國家。

如果日本能對韓國致上真心誠意的道歉，韓國能在該感謝日本的時候，獻上真摯的感謝，重視「謝罪」的韓國與重視「感謝」的日本都能完全滿足彼此的需求。

或許現代的日本人與韓國人都不是當事人，不需要特別謝罪或是感謝，但光是「與彼此產生共鳴」，就能以更正面的態度與對方溝通。

最後，要談談做為本書封面（日文原書）裝飾的「菊花與木槿花」。這兩種花除了是日韓兩國的象徵，許多人都知道以菊花為紋章的天皇一族與百濟有著極深的淵源。

至於在韓國國花木槿花的部分，在日韓國人也費盡千辛萬苦，在日本打造了全世界最大規模的木槿花花園。

一如本書開頭所述，一說認為醃蘿蔔是由高句麗僧侶傳入倭國，另一說則認為製作泡菜所需的辣椒是從日本傳入朝鮮的東西。

雖然日韓兩國看似互為對照組，但只要回溯兩國的根源，便會發現有許多共通之處。

但願這本由生活在日韓之間的筆者所寫的拙著，能稍微推動日韓兩國「紫愛彼此」的風潮，這也將是筆者的望外之喜。

寫於首爾　江南區　島山公園內　安昌浩記念館的沙發上

結語

致各位讀者、nakazatton、與我的兩個孩子

在本書的尾聲，想要感謝給予幫助的各界貴人。

首先要感謝的是，給予本書出版機會的東洋經濟新報社中里有吾。之前都是應出版社之邀而寫書，但這本書不一樣，是我主動向出版社提出出版要求，也感謝出版社答應。

我當然也很喜歡之前出版的書籍，不過，那些書籍都是符合市場主流的內容。雖然本書是商界人士避之惟恐不及的主題，但還是有許多人願意從旁幫助，才得以出版。

我想起當年在東洋經濟新報社出版《世界一流菁英的77個最強工作法》的時候，批判韓國的書籍十分熱賣，當時我曾隨口跟書籍出版負責人山崎豪敏說：「如果我來寫一本批判韓國的書，應該也會大賣吧。」沒想到山崎先生一臉嚴肅地跟我說：「那種書就算會熱賣，敝社也絕對不出。」

雖然當時的我只是隨口說說，但心裡卻是非常開心，也覺得「這家出版社果然不同，值得尊敬」。

這家出版社傳承了於戰時提倡反戰的石橋湛山（東洋經濟新報社第五代主編，也曾擔任總

理大臣）之精神，能由他們出版拙著，真的打從心底感到光榮。若不是他們幫忙徹底校對事實，以及在編輯時，給予許多寶貴的意見，這本書絕對沒有機會誕生。

此外，我也要感謝在三十五年前，我還在念小學的時候，願意致力於歷史教育的土佐老師。老實說，當時我不太喜歡這位老師的課，有時候甚至覺得老師的課很刺耳，但是當我長大成人，累積了各種經驗之後，才知道能有一位願意在兩國政治鬥爭與媒體紛爭不斷的時候，願意站在日本教育第一線，不夾雜任何政治立場，熱心教導歷史的老師有多麼難能可貴。

在小時候遇見的這位老師也塑造了日後我對日本的印象。我的夢想之一就是在本書出版之後，找到這位老師，將這本書獻給他。

我也要對願意閱讀本書韓文版的韓國讀者致上謝意。之前我的三本著作也曾在韓國出版，每一次都得到許多讀者溫暖的聲援與鼓勵。這本書與過去不同的是，我以虛心領教的態度，寫了許多韓國的問題與有待改善之處，還希望各位讀者能夠敞開雙臂，溫柔地接納本書，以及了解我對祖國的愛。

此外，我當然也要感謝一直支持我寫作的日本讀者。各位的支持與愛的鞭笞，都是我人生中無可取代的資產。最後還要感謝在書店幫忙介紹本書的書店店員、將本書送到日本全國書店的工作人員，以及替本書寫書評的部落客或是在亞馬遜線上書店留下評價的讀者。

同時，本書當然不能少了對在日韓國人的同胞致意。

身為在日韓國人的我，總是將兩國之間的問題視為匹夫之責，而在思考這些問題的時候，有時會覺得很煩，有時會很生氣，有時又會抱著希望，而本書正是這些想法與心情的集大成。被夾在兩國歷史之間的人不太會把自己遇到的問題說出口，但我非常明白他們是抱著多少煩惱、憤怒與希望走過來的。

我真的非常感謝與尊敬那些能在如此不友善的大環境之中，拒絕指紋建檔與加入國民年金，以及為了律師資格奮戰，最終獲得相關權利的前輩。

想必某些讀者在閱讀本書時，會因為深有同感而拍案叫好吧，如果不小心因為這樣拍破盤子，還希望透過 www.moogwi.com 與我聯絡。

我也非常歡迎來自日本、韓國與其他國家讀者的回饋。

雖然接下來的謝辭有些不合常規，不過還是讓我再次向東洋經濟新報社的中里有吾致意。感謝他給於許多修正內容的指示，要求的水準也因此越來越高，但我也知道，他身為編輯的功力越來越深厚。

最後一大堆的內容修正指示與削減專欄的指令實在太可怕，害我都不敢寄出原稿檔案了。最後收到拿掉一章的內容，第四章、第五章的內容大幅修正的指令時，真的讓我陷入焦慮。

不過，各章的內容若未得到中里總編的認同，本書的完成度也不會這麼高。

如果沒有 nakazatton（我從大學的時候，就這樣稱呼中里總編）的幫忙，就沒辦法得到專攻歷史學，長期負責編輯歷史書籍的自由編輯鈴木充以及其他歷史專家的幫助，這本書也無法校閱這麼多次。

在撰寫本書時，還收到一顆超級昂貴的哈密瓜，這對我來說，也是莫大的鼓勵，真的非常感謝。

最後，我想向家人獻上感謝。

我想感謝已故的父親金龍守，以及目前還健在的母親趙順南，感謝他們在困難重重的日本社會把我養大，也感謝在接近一百年前，從韓國遠渡日本，為家族奠定基礎的祖母金善順，以及舅父趙二植與趙三植。

此外，也要感謝我的太太。雖然她與韓國現代女性的形象有些出入，卻讓我有機會找到更多問題，以及理解這些問題。

在撰寫本書時，感謝她開車帶我去埼玉縣的高麗神社。不過，我一直都很怕老婆，所以偷偷在高麗神社買了「家內安全」的護身符（不是為了祈求家人的健康，而是祈求我的人身安全），我太太完全不知道這件事。

最後的最後，我有些話想對像是為了收看《Baby Shark》與《工作車車》（はたらくくるま）才出生的長男，以及在撰寫本書時進入老婆的肚子，在寫謝辭時出生的長女說。順帶一提，我家長女實在太可愛了，一出生就確定是位美少女。

爸爸在長大成人之後，韓國與日本還一直在吵架，但很多年輕人卻放下過去的成見，為兩國創造了全新的關係。

但願我家小孩能在過著幸福人生的時候，一邊笑著跟我說：「為什麼爸爸的書總是被批得這麼慘啊？」一邊在亞馬遜線上書店幫這本書按下五星評價，然後為了「兩國國民與政府的交流做出貢獻」。

二〇二三年六月六日

看著我家小孩的睡臉有感而發　金武貴

泡菜與酸梅

從飲食、語言、偶像、經濟等面向拆解日韓社會文化差異與千年歷史糾葛

京都生まれの和風韓国人が40年間、徹底比較したから書けた！
そっか、日本と韓国って、そういう国だったのか。—— 文化・アイドル・政治・経済・歴史・美容の最新グローバル日韓教養書

作者　金武貴（ムーギー・キム）
翻譯　許郁文
選書編輯　吳雅芳
責任編輯　張芝瑜
書封設計　盧卡斯工作室
內頁排版　郭家振
行銷企劃　張嘉庭

發行人　何飛鵬
事業群總經理　李淑霞
社長　饒素芬
圖書主編　葉承享

出版　城邦文化事業股份有限公司 麥浩斯出版
E-mail　cs@myhomelife.com.tw
地址　104 台北市中山區民生東路二段 141 號 6 樓
電話　02-2500-7578

發行　英屬蓋曼群島商家庭傳媒股份有限公司城邦分公司
地址　104 台北市中山區民生東路二段 141 號 6 樓
讀者服務專線　0800-020-299（09:30 ～ 12:00；13:30 ～ 17:00）
讀者服務傳真　02-2517-0999
讀者服務信箱　Email: csc@cite.com.tw
劃撥帳號　1983-3516
劃撥戶名　英屬蓋曼群島商家庭傳媒股份有限公司城邦分公司

香港發行　城邦（香港）出版集團有限公司
地址　香港九龍九龍城土瓜灣道 86 號順聯工業大廈 6 樓 A 室
電話　852-2508-6231
傳真　852-2578-9337

馬新發行　城邦（馬新）出版集團 Cite（M）Sdn. Bhd.
地址　41, Jalan Radin Anum, Bandar Baru Sri Petaling, 57000 Kuala Lumpur, Malaysia.
電話　603-90578822
傳真　603-90576622

總經銷　聯合發行股份有限公司
電話　02-29178022
傳真　02-29156275

製版印刷　凱林彩印股份有限公司
定價　新台幣 499 元／港幣 166 元
2024 年 2 月初版一刷
ISBN　978-626-7401-19-4(平裝)

國家圖書館出版品預行編目（CIP）資料

泡菜與酸梅：從飲食、語言、偶像、經濟等面向拆解日韓社會文化差異與千年歷史糾葛/金武貴著；許郁文譯. -- 初版. -- 臺北市：城邦文化事業股份有限公司麥浩斯出版：英屬蓋曼群島商家庭傳媒股份有限公司城邦分公司發行, 2024.02
面；　公分
譯自：京都生まれの和風韓国人が40年間、徹底比較したから書けた!そっか、日本と韓国って、そういう国だったのか。：文化.アイドル.政治. .歷史.美容の最新グローバル日韓教養書
ISBN 978-626-7401-19-4(平裝)

1.CST: 比較民族學 2.CST: 民族文化 3.CST: 文化研究 4.CST: 日本 5.CST: 韓國

535.8　　113000463
